Inhaltsverzeichnis

Einleitung 1

Allgemeine Fragen 2

    Wenn du 100 Euro mit einer Verzinsung von 5% anlegst, wie viel Geld hast du (ohne Berücksichtigung von Steuern) nach 10, 20, 50 Jahren? 2

    Was ist der 3-Monats-Euribor? 3

    Ab welchem Verlust spricht man bei Aktien von einer Korrektur? 3

    Was sind „Schwellenländer"? 3

    Was sind die BRICS-Länder? 4

    Was bedeutet „Gearing" in der Finanzwelt? 5

    Was sind „Sekundärmärkte"? 5

    Was ist der „Graue Markt"? 6

    Erkläre den Begriff Volatilität 6

    Erkläre die Begriffe Korrelation und Kausalität 7

Finanzkrisen 7

    Was ist ein „Schwarzer Schwan"? 7

    Im Jahr 1995 ging die Barings Bank pleite. Wer (!) war der Auslöser? 8

    Was war der Auslöser für die Finanzkrise im Jahr 2008? 8

    Was ist der FICO-Score und warum ist er in den USA so wichtig? 9

Depot 9

    Was ist ein „Wertpapierdepot"? 9

    Was ist die „Wertpapierleihe"? 10

Was ist der Unterschied zwischen einer „Long-Position" und einer „Short-Position"?... 10

Wozu benötigt man Euroclear und Clearstream? 11

Was bedeutet SWIFT und wozu wird es benötigt? 12

Was ist ein 401k Depot? 12

ESG 13

Wofür steht ESG? 13

Was sind „Socially Responsible Investments" (SRI)? 13

Was ist Impact-Investing? 14

Was bedeutet SFDR? 14

Was bedeutet Artikel 6, 8 und 9? 15

Portfoliomanagement... 16

Wofür ist Harry Markowitz berühmt? 16

Was bedeutet ein Portfolio Beta von 0,5?............................... 17

Was ist die „Sharpe Ratio"?... 17

Was sagt die Information Ratio aus?....................................... 18

Was sagt der max. Drawdown aus?.. 18

Was bedeutet „Behavioral Finance"?...................................... 19

Was bedeutet „Antizyklisches Investieren"? 19

Was versteht man unter „Market Timing"? 20

Was bedeutet „Hedging" in der Finanzwelt? 21

Was ist ein ETF?.. 21

Was sind „Leveraged ETFs" und welche Risiken sind damit verbunden? 22

Was versteht man unter der „Effizienz-Markt-Hypothese"? ... 22

Was versteht man unter „Asset Allocation"?.......................... 23

Was sind der MACD, RSI und Bollinger Bands?....................... 24

Was bedeutet CFA auf der Visitenkarte von Analysten oder Fondsmanagern?... 24

Wofür steht CIO auf der Visitenkarte? 25

Was ist ein „Golden Handshake"? 25

Was ist der Unterschied zwischen „passivem" und „aktivem Investieren"? 26

Wie funktioniert das „Leverage"-Prinzip? 26

Wie funktioniert ein „Robo-Advisor"? 27

Was ist P2P-Investing? 27

Die FDA ist für die Medikamentenzulassung in den USA zuständig. Wofür steht FDA? 28

Nenne drei Firmen von Elon Musk 28

Was ist Arbitrage? 29

Aktien 29

Was versteht man unter einem „Bull Market" und einem „Bear Market"? 29

Wie wird die „Marktliquidität" gemessen?............................... 30

Erkläre den Begriff M&A... 30

Erkläre den Begriff Due Diligence 31

Wie errechnet man die Marktkapitalisierung einer Aktie? 32

Welche US-Aktie hat als erste eine Marktkapitalisierung von 1000 Mrd. USD erreicht? 32

Welches Datum ist mit dem „schwarzen Freitag" verbunden? 32

Wie heißt der Gründer von Berkshire Hathaway, der auch als Orakel von Omaha bekannt ist? 33

Was sind „Earnings per Share" (EPS)? 33

Was ist der Unterschied zwischen „Fremdkapital" und „Eigenkapital"?.. 33

Nenne mindestens 5 Technologieaktien in Europa.................. 34

Nenne 5 Wasserstoff-Aktien 35

Was sind „Penny Stocks"?.. 35

Was ist der Unterschied zwischen „Fundamental-" und „Technische Analyse"? 36

Was sind die Merkmale des „Value-Investing"-Ansatzes?....... 36

Was ist ein „Blue Chip"? 37

Welche Marken gehören zu Henkel?.. 38

Welche Marken gehören zu Nestlé?... 38

Was sind „Aktienrückkäufe" und warum werden sie durchgeführt?... 39

Was ist das „Volumen" an der Börse? 39

Was haben Enron, Parmalat und WorldCom gemeinsam?...... 40

Was ist ein „Earnings Call" und welche Informationen werden dort bereitgestellt? 41

Was ist der Dividendenabschlag?... 41

Wie funktioniert das „DCF"-Verfahren? 42

Was ist ein „Squeeze-Out" und wann findet er statt? 43

Was bedeutet „Rendite auf das Eigenkapital" (ROE)?............. 43

Nenne die größten Aktien im Stoxx 50..................................... 44

Was ist der Unterschied zwischen dem Stoxx 50 und den EuroStoxx 50?... 44

Wie heißt der Chef von Nvidia?.. 45

Wie hoch war die Marktkapitalisierung von Apple am 31.12.1999?... 45

Wann wurde das erste iPhone vorgestellt?.............................. 45

Wann wurde Google gegründet?.. 46

Wie heißen die beiden Google-Gründer? 46

Was ist ein IPO? 46

Wie kam es zur Idee bzw. Gründung von Airbnb? 47
Was passiert bei einem Aktiensplit? 47
Was ist ein Reverse-Split? 48
Wie heißen die größten börsennotierten Reiseveranstalter. .. 48
Ist eine Aktie mit einer Dividendenrendite von 8% „besser", als eine Aktie von 2%?.. 49
Ist eine Aktie mit einem KGV von 8 „besser" als eine Aktie mit 30? 50
Kann ich in Musikrechte investieren? 51
Wann wurde der VW-Abgasskandal bekannt? 52

Anleihen 52

Was ist der Unterschied zwischen Investmentgrade und High Yield? 52
Wann spricht man von einem Default? 53
Was ist die „grace period" im Falle eines Defaults? 53
Was ist die Recovery Rate? 53
Wie wird die „Rendite" einer Anleihe berechnet? 54
Was ist ein Pfandbrief? 54
Was ist ein Floater? 54
Was ist ein Reverse-Floater? 55
Was ist ein Perpetual? 55
Was sind Senior Loans? 55
Was ist Private Debt? 56
Was ist der Unterschied zwischen „Secured" und „Unsecured" Debt? 56
Was ist die Aufgabe von „Rating-Agenturen"? 57
Wie werden „syndizierte Kredite" vergeben? 57
Was sind supranationale Emittenten? 58

Was ist der „risikofreie Zinssatz"? 58

Was sind „Corporate Bonds"? 59

Was sind die Unterschiede zwischen „fixer" und „variabler" Verzinsung bei Anleihen? 60

Was sind „Credit Default Swaps" (CDS) und wozu werden sie verwendet? 60

Was bedeutet der Begriff „Zinsstrukturkurve"? 61

Wie funktionieren „Zins-Swaps"? 62

Was sind „Sichere-Hafen-Investments"? 62

Wie funktioniert ein „Asset-Backed Security"? 63

Was sind „Euribor" und „Libor"? 64

Was ist der Unterschied zwischen dem CEMBI und EMBI? 65

Was sind „Hybridanleihen"? 65

Was sind Stückzinsen bei einer Anleihe? 66

Was bedeutet ein Emissionskurs „über pari"? 66

Welche Staatsanleihen zahlen mehrmals im Jahr einen Kupon? 66

Was sind „Kreditrisiken" und wie werden sie bewertet? 67

Wie funktioniert der „Zinseszinseffekt"? 67

Was ist ein „Downgrade" bei einer Anleihe? 68

Welches Rating ist das Beste? 68

Was ist ein Convertible Bond? 69

Was sagt die Duration aus? 70

Was ist ein Zero-Bond? 71

In welchem Zeitraum hatten 10-jährigen Deutsche Bundesanleihen eine negative Rendite? 72

Wie hoch ist die historische Ausfallwahrscheinlichkeit bei einer Anleihe mit „B"-Rating auf Sicht von 5 Jahren? 72

Was sind die Hauptmerkmale von „Strukturierten Produkten"? 73

Was ist der OTC-Handel? 73

Was ist ein Green-Bond? 74

Was ist ein MBS und ein CMBS? 75

Was sind T-Bills? 76

Was sind Inflation-Linked-Bonds? 76

Was ist der Spread einer Anleihe? 77

Indizes 78

Wie viele Aktien sind im Nasdaq Index enthalten? 78

Wie groß war der Verlust beim DAX während der Finanzkrise? 78

Was ist der VIX-Index? 79

Was waren die Höchststände beim VIX während der Finanzkrise 2008 und während der Corona-Pandemie? 79

Welche Aktien waren bei Erstnotiz im Dow Jones? 80

Was ist der Unterschied zwischen „A", „B" und „H"-Aktien in China? 81

Wann kommt es beim S&P 500 zu einer automatischen Handelsunterbrechung? 81

Welche Aktien sind im Russell 2000 enthalten? 82

Was ist der IFO-Index? 83

Was ist der PMI-Index? 83

Was ist der ZEW-Index? 84

Rohstoffe 85

Wofür ist Cushing in Oklahoma bekannt? 85

Wie viele Liter Öl sind 1 Barrel? 86

Wofür steht WTI? 86

Was bedeutet Up-Stream, Mid-Stream und Down-Stream?	87
Was bedeutet Backwardation und Contango?	87
Nenne die Mitgliedsländer der OPEC	88
Wann war die erste und zweite Ölkrise?	88
Was sind der Philharmoniker, der Maple Leaf und Golden Eagle?	89
Besteht der Krügerrand zu 100% aus Gold?	91
Wie schwer ist ein Gold-Industrie-Barren?	91
Wie schwer ist eine Unze Gold?	92
Was ist das Gold des kleinen Mannes?	92
Welches Industriemetall hat einen „Doktortitel" und wird oft zur Konjunkturprognose verwendet?	92
Fonds und ETFs	**93**
Was ist der NAV bei einem Fonds oder ETF?	93
Was sind die Hauptmerkmale eines „Value-Fonds"?	93
Was sind die Hauptmerkmale eines „Growth-Fonds"?	94
Was sind „Management Fees" bei Investmentfonds?	94
Was sind „TER" bei Investmentfonds?	95
Was bedeutet „Cost Average Effect"?	96
Was bedeutet „IMI" bei einem ETF-Namen?	97
Was ist der „Nikkei 225"?	97
Was ist ein REIT?	98
Was ist ein SPAC?	99
Was ist ein SPV?	99
Derivate	**100**
Was ist der Unterschied zwischen einem Put und einem Call?	100
Was ist ein Strip, was ein Straddle?	101

Was ist die „Black-Scholes-Formel" und wofür wird sie verwendet? ... 101

Was ist die CME für eine Börse? ... 102

Was ist der Bund-Future? ... 102

Was ist ein Margin-Call? ... 103

Was ist der „Triple-Witch-Day"? ... 103

Gibt es auch Derivate, mit denen auf das Wetter spekuliert werden kann? ... 104

Währungen ... 105

Was sind „Währungsrisiken" und wie können sie minimiert werden? ... 105

Was war der Höchst- und Tiefstkurs beim Euro seit der Einführung am 1.1.1999? ... 106

Was ist ein FX-Forward? ... 107

Was ist ein NDF? ... 107

Was versteht man unter „Kaufkraftparität"? ... 108

Was ist der Big-Mac-Index? ... 109

Was versteht man unter „Zinsparität"? ... 109

Notenbanken ... 110

Nenne alle bisherigen EZB-PräsidentInnen ... 110

Was bedeutet „Quantitative Lockerung" (QE)? ... 111

Die US-Notenbank FED schaut weniger auf die Inflation, sondern vor allem auf den PCE. Was ist das? ... 112

Die FED hat im Gegensatz zur EZB zwei Mandate. Welche sind das? ... 112

Was ist die Aufgabe der „Bafin"? ... 113

Inflation ... 114

Wie setzt sich der Warenkorb für die Inflation zusammen? ... 114

Alternative Investments ... 115

- Was sind „Alternative Investments"? 115
- Wie heißen die 4 „C" bei Diamanten? 117
- Wie schwer ist 1 Karat? 117
- Nenne die größten Player bei Private Equity? 117
- Was ist der Unterschied zwischen dem GP und dem LP? 118
- Was ist „Carried Interest"? 119
- Was ist „Venture Capital"? 119
- Was sind die Risiken bei „Crowdinvesting"? 120
- Wer sind die „Heuschrecken" und was tun sie? 121
- Was sind „Hedgefonds-Strategien" und welche gibt es? 122
- Was bezeichnet man als die „J-Curve" bei Private Equity? ... 123
- Was ist die „High-Water-Mark"? 124
- Was sind Capital Calls und Distributions? 125
- Was ist die "IRR"? 125
- Was ist der TVPI? 126
- Wofür steht bei Infrastrukturinvestments „PPP"? 126

Kryptowährungen 128
- Was bezeichnet man als die „Blockchain"? 128
- Wer ist Sathosi Nakamoto? 129
- Nenne mindestens 5 Kryptowährungen? 129
- Was bedeutet „HODL" bei Krypto-Nerds? 130
- Warum ist Sam Bankman-Fried verurteilt worden? 130
- Weitere Bücher von Clemens Thor 131
- Haftungsausschluss / Rechtliche Hinweise 137

Einleitung

Willkommen zu einem Quiz der besonderen Art – dem ultimativen Test für Börsen-Experten! Egal, ob du dein Wissen auf die Probe stellen oder es auf ein neues Level heben möchtest, hier bist du genau richtig. Börse ist weit mehr als nur Kurse und Kennzahlen – es ist ein faszinierendes Spiel aus Psychologie, Strategie und globalen Ereignissen.

Dieses Buch führt dich durch die spannendsten Themen der Finanzwelt: von den größten Skandalen und Pleiten über Fachbegriffe bis hin zu den neuesten Trends wie Kryptowährungen und ESG-Investments.

Ob du die Geschichte hinter „Schwarzen Schwänen" kennst, oder weißt, was ein Margin-Call wirklich bedeutet, oder dir zutraust, komplexe Finanzprodukte wie Derivate zu erklären – dieses Quiz stellt selbst erfahrene Anleger vor knifflige Fragen.

Aber keine Sorge, es gibt auch jede Menge zu lernen. Wusstest du, dass manche Anleihen mehrmals im Jahr einen Kupon auszahlen?

Pack dein Wissen aus und stelle dich Fragen, die du nicht in jedem Börsenratgeber findest. Egal, ob du ein Einsteiger oder Profi bist – dieses Buch wird dich herausfordern, überraschen und unterhalten.

Bereit, zum Börsen-Champion zu werden? Dann leg los!

Allgemeine Fragen

Wenn du 100 Euro mit einer Verzinsung von 5% anlegst, wie viel Geld hast du (ohne Berücksichtigung von Steuern) nach 10, 20, 50 Jahren?

162,89 nach 10 Jahren

265,33 nach 20 Jahren

1.146,74 nach 50 Jahren

Die Formel lautet: 100 * (1+Zinssatz) ^ Laufzeit

Beispiel für 10 Jahre: 100 * (1 + 0,05) ^ 10

Wenn du mit einem Investment zuerst 50% verlierst und danach 50 gewinnst, wie viel hast du dann?

Wenn du mit einem Investment zuerst 50% verlierst und danach 50% gewinnst, hast du insgesamt weniger als den ursprünglichen Betrag.

Angenommen, du investierst 100 €

Du verlierst 50:

   100 € - 50% = 50 €.

Du gewinnst 50% auf die verbleibenden 50 €:

   50 € + 50% = 50 € + 25 € = 75 €.

Am Ende hast du also nur noch 75 €, obwohl du nach dem 50% Verlust wieder 50% gewonnen hast.

Was ist der 3-Monats-Euribor?

Der 3-Monats-Euribor (Euro Interbank Offered Rate) ist ein Zinssatz, zu dem sich Banken untereinander für drei Monate Geld leihen können und spiegelt die Kosten für kurzfristige Kredite zwischen europäischen Banken wider.

Der 3-Monats-Euribor wird häufig als Referenzzinssatz für variable Zinssätze bei Krediten, Hypotheken oder Finanzprodukten verwendet.

Ab welchem Verlust spricht man bei Aktien von einer Korrektur?

Von einer Korrektur spricht man, wenn der Kurs eines Wertpapiers oder eines Indexes um 10% oder mehr vom letzten Höchststand fällt.

Dieser Rückgang wird als „gesunde Marktkorrektur" angesehen, um überhitzte Märkte zu beruhigen und Überbewertungen abzubauen.

Eine Korrektur ist typischerweise kurzfristig und kann eine Gelegenheit für Investoren darstellen, um zu günstigeren Preisen zu kaufen. Sie ist jedoch weniger schwerwiegend als ein Bärenmarkt, bei dem der Verlust mindestens 20% beträgt.

Was sind „Schwellenländer"?

Schwellenländer sind Staaten, die sich in einem Übergangsstadium von einer weniger entwickelten Wirtschaft zu einer industriellen und weiter entwickelten Wirtschaft befinden. Diese Länder zeichnen sich durch ein erhebliches Wirtschaftswachstum, eine steigende Industrialisierung und oft eine wachsende Mittelschicht aus.

Oft sind die Finanzmärkte weniger stabil und reguliert als in entwickelten Ländern und viele Schwellenländer verfügen über reiche Rohstoffvorkommen.

Beispiele für diese „Emerging Markets" sind Brasilien, Indien, China und Südafrika.

Was sind die BRICS-Länder?

Die BRICS-Länder sind eine Gruppe von fünf aufstrebenden Volkswirtschaften: Brasilien, Russland, Indien, China und Südafrika. Der Begriff BRICS steht für die Anfangsbuchstaben dieser Länder. Die Gruppe entstand in den 2000er Jahren, als diese Länder aufgrund ihrer schnell wachsenden Wirtschaft und ihres großen Einflusses in den globalen Märkten ins Zentrum der internationalen Aufmerksamkeit rückten.

Das Ziel der BRICS-Länder ist es, eine gemeinsame Plattform zu schaffen, um die wirtschaftliche Zusammenarbeit und den politischen Einfluss zu stärken, besonders in internationalen Institutionen wie dem Internationalen Währungsfonds (IWF) und der Weltbank.

Der Begriff BRIC (ohne Südafrika) wurde erstmals 2001 von Jim O'Neill, einem Ökonomen der Investmentbank Goldman Sachs, geprägt. O'Neill verwendete den Begriff in einer Analyse, in der er das Potenzial dieser vier aufstrebenden Volkswirtschaften hervorhob.

2010 wurde Südafrika in die Gruppe aufgenommen, und der Name änderte sich offiziell zu BRICS.

Was bedeutet „Gearing" in der Finanzwelt?

„Gearing" bezeichnet in der Finanzwelt das Verhältnis von Fremdkapital zu Eigenkapital und ist ein Maß dafür, wie stark ein Unternehmen durch Schulden finanziert ist.

Gearing wird oft als Prozentsatz des Fremdkapitals im Vergleich zum Gesamtkapital berechnet.

Ein hohes Gearing bedeutet, dass ein größerer Teil der Finanzierung durch Schulden erfolgt, was zu einem höheren finanziellen Risiko führen kann, insbesondere in wirtschaftlich schwierigen Zeiten.

Unternehmen verwenden Gearing, um die optimale Kapitalstruktur zu bestimmen und Investitionsentscheidungen zu treffen.

Was sind „Sekundärmärkte"?

Sekundärmärkte sind Handelsplätze, an denen bereits ausgegebene Finanzinstrumente wie Aktien, Anleihen und Derivate zwischen Investoren gehandelt werden. Im Gegensatz zu Primärmärkten, wo neue Wertpapiere ausgegeben und verkauft werden, ermöglichen Sekundärmärkte den bestehenden Eigentümern, ihre Wertpapiere an andere Käufer zu verkaufen.

Sekundärmärkte können organisiert (z.B. Börsen, wie Deutsche Börse, LSE, NYSE) oder unorganisiert (OTC, Over-the-Counter zwischen zwei Parteien) sein.

Was ist der „Graue Markt"?

Der „Graue Markt" bezeichnet den Handel mit Finanzinstrumenten oder Waren außerhalb regulierter und offiziell anerkannter Handelsplätze, ohne jedoch illegal zu sein. Er entsteht häufig, wenn Wertpapiere in einem Land angeboten werden, in dem sie noch nicht offiziell eingeführt oder zugelassen sind, aber dennoch nachgefragt werden.

Vor allem Aktien notieren vor der offiziellen Emission am grauen Markt und geben damit eine Preisindikation.

Erkläre den Begriff Volatilität

Volatilität ist ein Maß für die Schwankungsbreite eines Wertpapiers oder Marktes über einen bestimmten Zeitraum. Sie gibt an, wie stark der Preis eines Vermögenswerts, wie einer Aktie oder einer Währung, von seinem Durchschnittswert abweicht. Eine hohe Volatilität bedeutet, dass die Preise stark schwanken können. Eine niedrige Volatilität deutet hingegen auf stabilere Preise hin.

Volatilität wird häufig als Risikoindikator verwendet: Je höher die Volatilität, desto riskanter ist das Investment. Sie kann durch verschiedene Faktoren beeinflusst werden, darunter Marktbedingungen, wirtschaftliche Ereignisse und Unternehmensnachrichten.

In der Finanzwelt wird die Volatilität oft mithilfe statistischer Methoden gemessen, wie z.B. der Standardabweichung der Renditen eines Wertpapiers.

Erkläre die Begriffe Korrelation und Kausalität

Korrelation beschreibt einen Zusammenhang zwischen zwei oder mehr Variablen, bei der eine Veränderung einer Variable mit einer Veränderung einer anderen Variable einhergeht.

Zum Beispiel könnte es eine Korrelation zwischen dem Temperaturanstieg und dem Verkauf von Eiscreme geben: Wenn die Temperaturen steigen, steigen auch die Verkaufszahlen von Eiscreme. Allerdings bedeutet eine Korrelation nicht, dass eine Variable die andere verursacht.

Kausalität hingegen bedeutet, dass eine Variable tatsächlich eine andere verursacht oder beeinflusst. Zum Beispiel ist es kausal, dass das Schütteln einer Flasche mit Cola (A) dazu führt, dass sie schäumt und überläuft (B).

Zusammengefasst: Korrelation zeigt nur einen Zusammenhang, während Kausalität eine direkte Ursache-Wirkung-Beziehung beschreibt.

Finanzkrisen

Was ist ein „Schwarzer Schwan"?

Ein „Schwarzer Schwan" ist ein Begriff in der Finanzwelt, der sich auf ein unerwartetes, extremes Ereignis bezieht, das erhebliche Auswirkungen auf die Märkte oder die Wirtschaft hat. Diese Ereignisse sind in der Regel unvorhersehbar und stehen außerhalb der normalen Erwartungen, können jedoch erhebliche Folgen haben. Der Begriff wurde von dem Statistiker Nassim Nicholas Taleb populär gemacht.

Im Jahr 1995 ging die Barings Bank pleite. Wer (!) war der Auslöser?

Die Barings Bank ging 1995 aufgrund von riskanten Spekulationen des Händlers Nick Leeson pleite. Leeson war ein Derivatehändler und tätigte unautorisierte Geschäfte mit Futures und verbuchte die Verluste auf einem geheimen Konto.

Als seine Verluste im Jahr 1995 auf über 1,4 Milliarden US-Dollar anwuchsen, konnte die Bank die finanziellen Auswirkungen nicht mehr bewältigen. Dies führte zur Insolvenz der Barings Bank, einer der ältesten Banken Großbritanniens, und zur Übernahme durch die niederländische ING Group. Leeson wurde später festgenommen und verbüßte eine Gefängnisstrafe.

https://de.wikipedia.org/wiki/Nick_Leeson

Was war der Auslöser für die Finanzkrise im Jahr 2008?

Der Auslöser der Finanzkrise 2008 war der Zusammenbruch des Marktes für Subprime-Hypotheken in den USA. Banken vergaben risikoreiche Hypotheken an Kreditnehmer mit schlechter Bonität, oft ohne ausreichende Überprüfung der Kreditwürdigkeit. Als die Zinsen stiegen und die Immobilienpreise fielen, konnten viele Kreditnehmer ihre Darlehen nicht mehr zurückzahlen, was zu massiven Zahlungsausfällen führte. Dies belastete die Banken, die durch komplexe Finanzinstrumente stark mit diesen Hypotheken verbunden waren. Der Zusammenbruch von Lehman Brothers im September 2008 führte zu einem Vertrauensverlust in das Finanzsystem, was die globale Wirtschaftskrise auslöste.

Was ist der FICO-Score und warum ist er in den USA so wichtig?

Der FICO-Score ist ein Kredit-Score, der von der Fair Isaac Corporation (FICO) entwickelt wurde und die Kreditwürdigkeit von Personen in den USA bewertet. Der Score reicht von 300 bis 850 und basiert auf Faktoren wie Zahlungshistorie, Schuldenlast, Kreditgeschichte, etc. Er ist in den USA wichtig, da er von Kreditgebern, Banken und Vermietern verwendet wird, um das Risiko von Krediten und anderen Finanztransaktionen einzuschätzen. Ein hoher FICO-Score erhöht die Chancen auf Kreditzusagen, niedrigere Zinssätze und bessere Konditionen, während ein niedriger Score zu Schwierigkeiten bei der Kreditaufnahme führen kann.

Depot

Was ist ein „Wertpapierdepot"?

Ein „Wertpapierdepot" ist ein Konto, auf dem Wertpapiere wie Aktien, Anleihen, Fondsanteile oder andere Finanzinstrumente verwahrt werden. Es dient als zentrale Aufbewahrungsstelle von Investments.

Über das Depot können Wertpapiertransaktionen durchgeführt werden, einschließlich Käufe, Verkäufe und Übertragungen.

Ein Wertpapierdepot bietet eine Übersicht über alle gehaltenen Wertpapiere sowie deren aktuelle Marktwerte, Gewinne und Verluste.

Was ist die „Wertpapierleihe"?

Die „Wertpapierleihe" ist ein Prozess, bei dem ein Investor (der „Verleiher") ein Wertpapier an einen anderen Investor (den „Entleiher") verleiht. Dieser Vorgang ermöglicht es dem Entleiher, die Wertpapiere zu nutzen, um eine Short-Position einzunehmen oder um Liquidität zu generieren.

Die Wertpapierleihe erfolgt in der Regel auf Basis eines Vertrages, der die Bedingungen, einschließlich der Laufzeit und Gebühren, festlegt.

Der Entleiher muss oft Sicherheiten in Form von Bargeld oder anderen Wertpapieren hinterlegen, um das Risiko eines möglichen Ausfalls abzusichern.

Der Verleiher erhält in der Regel eine Gebühr oder Zinsen für das Verleihen der Wertpapiere, was eine zusätzliche Einkommensquelle darstellt.

Nach Ablauf der Leihfrist muss der Entleiher die Wertpapiere zurückgeben.

Was ist der Unterschied zwischen einer „Long-Position" und einer „Short-Position"?

Eine Long-Position setzt auf steigende Preise, während eine Short-Position auf fallende Preise spekuliert.

Long-Position:

Eine Long-Position bedeutet, dass ein Investor ein Finanzinstrument kauft, in der Erwartung, dass dessen Preis steigen wird.

Das Ziel ist, von der Preissteigerung zu profitieren, indem das Instrument zu einem höheren Preis verkauft wird, als es gekauft wurde.

Das Risiko ist auf den Betrag begrenzt, den der Investor investiert hat, der Verlust kann maximal dem investierten Kapital entsprechen.

Beispiel: Wenn ein Investor 100 Aktien zu 50 Euro kauft und der Preis auf 70 Euro steigt, kann er die Aktien mit Gewinn verkaufen.

Short-Position:

Eine Short-Position bedeutet, dass ein Investor ein Finanzinstrument (leer)verkauft, in der Erwartung, dass dessen Preis fallen wird.

Das Ziel ist, das Instrument später zu einem niedrigeren Preis zurückzukaufen und die Differenz als Gewinn zu realisieren.

Das Risiko ist unbegrenzt, da der Preis eines Instruments theoretisch unbegrenzt steigen kann, was zu erheblichen Verlusten führen kann.

Beispiel: Wenn ein Investor 100 Aktien, die er sich von jemanden „ausgeliehen" hat, zu 50 Euro verkauft und der Preis auf 30 Euro fällt, kann er die Aktien zurückkaufen und die Differenz als Gewinn behalten. Steigt die Aktie aber (z.B. wegen einer Übernahme) auf 200 Euro, hat er mit jeder Aktie 150 Euro an Verlust eingefahren.

Wozu benötigt man Euroclear und Clearstream?

Euroclear und Clearstream sind zwei wichtige Finanzinstitute, die in der Wertpapierabwicklung und -verwahrung tätig sind.

Beide Institutionen ermöglichen die Abwicklung von Wertpapiertransaktionen, was bedeutet, dass sie sicherstellen, dass Käufe und Verkäufe von Wertpapieren korrekt und effizient durchgeführt werden. Sie garantieren, dass die Aktien oder Anleihen nach dem Kauf dem Käufer und der Kaufpreis dem Verkäufer gutgeschrieben werden.

Euroclear und Clearstream halten Wertpapiere im Auftrag von Investoren, Banken und anderen Finanzinstituten. Sie verwalten die physischen oder elektronischen Urkunden und sorgen dafür, dass die Wertpapiere sicher aufbewahrt werden.

Was bedeutet SWIFT und wozu wird es benötigt?

SWIFT steht für "Society for Worldwide Interbank Financial Telecommunication". Es handelt sich um ein globales Netzwerk, das Banken und Finanzinstitute zur sicheren und effizienten Übertragung von Zahlungsanweisungen nutzen.

SWIFT ermöglicht den internationalen Geldtransfer, indem es standardisierte Codes (SWIFT-Codes) verwendet, die jede Bank eindeutig identifizieren. Diese Codes gewährleisten, dass Überweisungen schnell und korrekt an die richtigen Empfänger gelangen.

Was ist ein 401k Depot?

Ein 401(k)-Depot ist ein steuerbegünstigtes Altersvorsorgekonto in den USA, das es Arbeitnehmern ermöglicht, einen Teil ihres Einkommens für den Ruhestand zu sparen. Diese Beiträge werden direkt vom Gehalt abgezogen und werden oft vor Steuern eingezahlt, was die Steuerlast im laufenden Jahr senkt. Die Erträge im 401(k)-Konto sind ebenfalls steuerlich begünstigt, da sie erst bei der Auszahlung im Ruhestand versteuert werden.

Arbeitgeber bieten oft einen „Matching"-Beitrag an, bei dem sie einen Teil der Mitarbeiterbeiträge aufstocken. Es gibt eine jährliche Beitragsgrenze, die die maximale Einzahlung festlegt.

ESG

Wofür steht ESG?

ESG steht für „Environmental, Social, and Governance" und bezeichnet Kriterien, die zur Bewertung der nachhaltigen und ethischen Auswirkungen von Investitionen in Unternehmen verwendet werden.

Umwelt (Environmental): Dieser Aspekt betrachtet, wie ein Unternehmen mit Umweltfragen umgeht, einschließlich CO_2-Emissionen, Ressourcenverbrauch und Abfallmanagement.

Sozial (Social): Hierbei wird der Umgang eines Unternehmens mit seinen Mitarbeitern, Kunden und der Gemeinschaft bewertet. Wichtige Themen sind Arbeitsbedingungen, Menschenrechte und gesellschaftliches Engagement.

Unternehmensführung (Governance): Dieser Bereich umfasst die Unternehmensführung, Transparenz, Ethik und die Interessenvertretung von Aktionären.

ESG-Kriterien sind entscheidend für nachhaltige Investitionen und die Risikobewertung.

Was sind „Socially Responsible Investments" (SRI)?

„Socially Responsible Investments" (SRI) beziehen sich auf Anlagestrategien, die sowohl finanzielle Renditen als auch positive soziale und ökologische Auswirkungen berücksichtigen. SRI-Ansätze orientieren sich an ethischen, sozialen und ökologischen Kriterien und versuchen, in Unternehmen oder Projekte zu investieren, die verantwortungsbewusst handeln.

Bestimmte Branchen oder Unternehmen, die als unethisch gelten (z. B. Waffenproduktion, Tabak oder fossile Brennstoffe), werden häufig ausgeschlossen.

SRI-Investoren können auch aktiv bei Unternehmen intervenieren, um positive Veränderungen zu bewirken, etwa durch einen Dialog mit dem Management oder durch die Ausübung ihrer Stimmrechte bei Hauptversammlungen.

Was ist Impact-Investing?

Impact-Investing bezeichnet Investitionen, die nicht nur finanzielle Renditen anstreben, sondern auch positive soziale oder ökologische Wirkungen erzielen wollen. Bei dieser Art von Investition werden gezielt Projekte oder Unternehmen unterstützt, die Lösungen für gesellschaftliche oder Umweltprobleme bieten, wie zum Beispiel erneuerbare Energien, bezahlbarer Wohnraum oder soziale Programme.

Im Gegensatz zu rein profitgetriebenen Investments oder Spenden liegt der Fokus auf einer ausgewogenen Kombination aus finanziellem Gewinn und nachhaltiger Wirkung. Impact-Investing wird zunehmend beliebter, da immer mehr Investoren nach Möglichkeiten suchen, Kapital sinnvoll einzusetzen und gleichzeitig ethische, soziale oder ökologische Ziele zu verfolgen.

Was bedeutet SFDR?

SFDR steht für die „Sustainable Finance Disclosure Regulation", eine Verordnung der Europäischen Union, die darauf abzielt, Transparenz in Bezug auf nachhaltige Finanzprodukte zu schaffen. Sie verpflichtet Finanzmarktteilnehmer, Informationen über die Nachhaltigkeitsrisiken und die Auswirkungen ihrer Investitionsentscheidungen offen zu legen.

Finanzinstitute müssen Informationen darüber bereitstellen, wie sie Nachhaltigkeitsrisiken in ihre Investitionsentscheidungen integrieren und welche möglichen negativen Auswirkungen diese Risiken auf die Renditen haben könnten.

Die SFDR unterscheidet zwischen verschiedenen Arten von nachhaltigen Finanzprodukten, um Anlegern eine informierte Auswahl zu ermöglichen.

Produkte werden in drei Hauptkategorien eingeteilt:

Artikel 6 (nicht nachhaltig),

Artikel 8 (teilweise nachhaltig) und

Artikel 9 (vollständig nachhaltig).

Finanzinstitute müssen regelmäßig Berichte über die Nachhaltigkeitsleistungen ihrer Produkte veröffentlichen und angeben, wie diese im Einklang mit den festgelegten nachhaltigen Zielen stehen.

Was bedeutet Artikel 6, 8 und 9?

Die Artikel 6, 8 und 9 der Sustainable Finance Disclosure Regulation (SFDR) kategorisieren Finanzprodukte auf der Grundlage ihrer Nachhaltigkeitsmerkmale und der Berichterstattung über nachhaltigkeitsbezogene Risiken.

Artikel 6:

Produkte, die in diesen Artikel fallen, sind nicht nachhaltig. Sie berücksichtigen keine Nachhaltigkeitsfaktoren bei der Investitionsentscheidung.

Artikel 8:

Produkte, die nachhaltige Merkmale bewerben, aber nicht als vollständig nachhaltig gelten. Diese Produkte berücksichtigen Umwelt- oder Sozialmerkmale in ihrer Investitionsstrategie.

Artikel 9:

Produkte, die als „vollständig nachhaltig" gelten. Diese Produkte verfolgen explizit nachhaltige Investitionsziele und haben messbare positive Auswirkungen auf Umwelt oder Gesellschaft.

Portfoliomanagement

Wofür ist Harry Markowitz berühmt?

Harry Markowitz ist berühmt für seine Pionierarbeit im Bereich der Modernen Portfolio-Theorie (MPT), die er in den 1950er Jahren entwickelte. Seine Theorie beschreibt, wie Investoren ihre Portfolios diversifizieren können, um das Risiko zu minimieren und gleichzeitig die erwartete Rendite zu maximieren. Markowitz führte das Konzept der Effizienzlinie ein, die zeigt, welche Portfolios bei gegebenem Risiko die höchste Rendite bieten.

Für seine Beiträge zur Finanzwirtschaft erhielt Harry Markowitz im Jahr 1990 den Nobelpreis für Wirtschaftswissenschaften. Gemeinsam mit William Sharpe und Merton Miller wurde er für seine Analysen von Finanzmärkten und deren Einfluss auf die Portfolio-Optimierung ausgezeichnet.

Was bedeutet ein Portfolio Beta von 0,5?

Beta ist ein Maß für das systematische Risiko eines Investments im Vergleich zum Markt, typischerweise gemessen am Marktindex, wie dem S&P 500.

Ein Beta von 1,0 entspricht der Marktentwicklung. Ein Beta von 0,5 bedeutet, dass das Portfolio in der Regel nur die Hälfte der Schwankungen des Marktes aufweist. Wenn der Markt um 10% steigt oder fällt, würde ein Portfolio mit einem Beta von 0,5 nur um etwa 5% steigen oder fallen.

Investoren nutzen Beta, um das Risiko eines Portfolios zu bewerten und es an ihre Risikobereitschaft und Anlagestrategien anzupassen.

Was ist die „Sharpe Ratio"?

Die Sharpe Ratio ist eine Kennzahl zur Bewertung der Überrendite eines Investments im Vergleich zum risikofreien Zinssatz, relativ zum Risiko, das das Investment eingeht.

Ein Wert größer als 1 wird allgemein als gut angesehen und zeigt an, dass die Rendite des Investments im Verhältnis zum Risiko attraktiv ist. Eine Sharpe Ratio von 2 oder mehr gilt als sehr gut.

Ein Wert unter 1 kann darauf hinweisen, dass die Rendite nicht ausreicht, um das eingegangene Risiko zu rechtfertigen.

Die Sharpe Ratio hilft Anlegern, verschiedene Anlagen oder Portfolios hinsichtlich ihrer Risiko-Rendite-Profile zu vergleichen.

Was sagt die Information Ratio aus?

Die Information Ratio ist ein Maß für die risikoadjustierte Überrendite eines Investments im Vergleich zu einer Benchmark. Sie zeigt, wie gut ein Portfolio-Manager im Vergleich zu einer Benchmark abschneidet, unter Berücksichtigung des zusätzlichen Risikos, das er eingegangen ist.

Eine höhere Information Ratio deutet darauf hin, dass ein Fondsmanager besser darin ist, Überrenditen zu erzielen, ohne ein unverhältnismäßig hohes Risiko einzugehen. Eine Information Ratio über 0,5 wird oft als positiv angesehen.

Was sagt der max. Drawdown aus?

Der maximale Drawdown ist ein Maß dafür, wie viel ein Investment oder ein Portfolio von seinem höchsten Punkt (All-time-High) gefallen ist, bevor es wieder ansteigt. Er zeigt den maximalen Verlust an, den ein Investor im betrachteten Zeitraum erleiden musste.

Stell dir vor, du hast ein Depot mit 1.000 Euro, und der höchste Stand deines Depots war 1.200 Euro. Wenn der Depotstand auf 800 Euro fällt, beträgt der maximale Drawdown 400 Euro (1.200 Euro - 800 Euro).

Ein hoher maximaler Drawdown bedeutet, dass es während der Investitionsperiode große Verluste gegeben hat, was auf ein höheres Risiko hindeutet. Ein niedriger Drawdown zeigt, dass das Investment stabiler ist und weniger Schwankungen aufweist.

Was bedeutet „Behavioral Finance"?

Behavioral Finance ist ein Forschungsgebiet, das Psychologie und Finanzwirtschaft kombiniert, um zu verstehen, wie psychologische Faktoren das Verhalten von Investoren und die Entscheidungsfindung an den Finanzmärkten beeinflussen. Es hinterfragt die Annahme, dass Marktteilnehmer immer rational handeln und ihre Entscheidungen auf vollständigen Informationen basieren.

Zum Beispiel: Investoren sind oft von kognitiven Verzerrungen betroffen, wie z. B.:

Verlustaversion: Menschen empfinden Verluste als stärker schmerzhaft als vergleichbare Gewinne erfreulich sind.

Bestätigungsfehler: Tendenz, Informationen zu suchen oder zu interpretieren, die die eigenen Überzeugungen bestätigen.

Emotionale Entscheidungen: Investoren treffen häufig Entscheidungen basierend auf Emotionen wie Angst oder Gier, was zu Irrationalem handeln führen kann.

Behavioral Finance bietet wertvolle Einblicke in die Dynamik der Finanzmärkte und hilft Anlegern, ihre eigenen Verhaltensmuster zu erkennen und zu verstehen, um besser informierte Entscheidungen zu treffen.

Was bedeutet „Antizyklisches Investieren"?

Antizyklisches Investieren ist eine Anlagestrategie, bei der Investoren versuchen, gegen den aktuellen Markttrend zu handeln. Diese Strategie basiert auf der Annahme, dass Märkte oft überreagieren und sich in Zyklen bewegen, wobei Vermögenswerte in wirtschaftlich guten Zeiten überbewertet und in Krisenzeiten unterbewertet sind.

Antizyklische Investoren kaufen Vermögenswerte, wenn deren Preise niedrig sind (z. B. während einer Rezession) und verkaufen, wenn die Preise hoch sind (z. B. in wirtschaftlich boomenden Zeiten).

Antizyklische Investoren haben oft einen langfristigen Anlagehorizont, da sie glauben, dass sich der Markt über die Zeit korrigiert und die fundamentalen Werte der Anlagen wiederhergestellt werden.

Beispiel: Wenn während einer wirtschaftlichen Krise die Aktienkurse stark fallen, können antizyklische Investoren in dieser Zeit investieren, in der Erwartung, dass sich die Märkte erholen, wenn sich die wirtschaftlichen Bedingungen verbessern.

Was versteht man unter „Market Timing"?

Market Timing bezieht sich auf die Strategie, den besten Zeitpunkt für den Kauf oder Verkauf von Finanzanlagen zu bestimmen, um maximale Renditen zu erzielen. Die Idee hinter Market Timing ist, dass Anleger versuchen, in Marktphasen einzusteigen, in denen die Preise niedrig sind, und auszusteigen, wenn die Preise hoch sind.

Anleger nutzen verschiedene Analysemethoden, um Trends und Muster in den Märkten zu identifizieren, darunter technische Analysen, Fundamentalanalysen und wirtschaftliche Indikatoren.

Market Timing wird oft als kurzfristige Strategie angesehen, im Gegensatz zu Buy-and-Hold-Strategien, die auf langfristigen Investitionen basieren, unabhängig von kurzfristigen Marktschwankungen.

Studien zeigen, dass es für die meisten Anleger schwierig ist, den Markt konstant erfolgreich zu timen. Häufig übertreffen

Anleger, die eine Buy-and-Hold-Strategie verfolgen, diejenigen, die versuchen, den Markt zu timen, da die Wahrscheinlichkeit, wichtige Kursbewegungen zu verpassen, hoch ist.

Was bedeutet „Hedging" in der Finanzwelt?

Hedging ist eine Risikomanagementstrategie, die Anleger und Unternehmen verwenden, um sich gegen potenzielle Verluste abzusichern. Das Ziel des Hedging ist es, finanzielle Verluste in einer bestimmten Position durch Gewinne in einer anderen Position zu kompensieren. Dies geschieht häufig durch den Einsatz von Derivaten.

Zu den häufigsten Hedging-Instrumenten gehören Optionen, Futures, Swaps und andere Derivate. Zum Beispiel kann ein Investor eine Put-Option kaufen, um sich gegen einen Preisverfall einer Aktie abzusichern.

Unternehmen nutzen Hedging, um sich gegen Preisschwankungen von Rohstoffen, Wechselkursrisiken oder Zinsänderungen abzusichern. Beispielsweise kann eine Fluggesellschaft Futures auf Kerosin kaufen, um die zukünftigen Treibstoffkosten zu fixieren.

Was ist ein ETF?

Ein ETF (Exchange Traded Fund) ist ein börsengehandelter Fonds, der die Wertentwicklung eines bestimmten Index, wie z. B. des DAX oder S&P 500, nachbildet. ETFs ermöglichen Anlegern, mit einer einzigen Investition in eine Vielzahl von Wertpapieren wie Aktien, Anleihen oder Rohstoffe zu investieren.

ETFs sind meist passiv verwaltet und zielen darauf ab, die Performance eines Index zu replizieren, anstatt den Markt zu schlagen und werden wie Aktien an Börsen gehandelt.

Da ETFs passiv gemanagt werden, sind die Verwaltungsgebühren oft niedriger als bei aktiv gemanagten Fonds.

Was sind „Leveraged ETFs" und welche Risiken sind damit verbunden?

Leveraged ETFs (Exchange-Traded Funds) sind börsengehandelte Fonds, die darauf abzielen, die tägliche Rendite eines zugrunde liegenden Indexes, um ein Vielfaches zu erhöhen, oft das 2- oder 3-fache. Sie verwenden einen Hebel, um die Renditen zu steigern, indem sie Kredite oder Derivate einsetzen, um ihre Investitionen zu vergrößern. Dadurch werden höhere Gewinne, aber auch höhere Verluste ermöglicht.

Was versteht man unter der „Effizienz-Markt-Hypothese"?

Die Effizienz-Markt-Hypothese besagt, dass die Preise von Wertpapieren an den Börsen alle verfügbaren Informationen widerspiegeln.

Die Theorie wurde in den 1960er Jahren von Eugene Fama formuliert und hat drei Hauptformen: schwache, semi-starke und starke Effizienz.

Schwache Effizienz: Alle historischen Preisinformationen sind bereits im aktuellen Preis eines Wertpapiers enthalten.

Semi-starke Effizienz: Neben historischen Preisen sind auch alle öffentlich verfügbaren Informationen in den Preisen enthalten.

Starke Effizienz: Alle Informationen, sowohl öffentliche als auch private (Insider Informationen), sind im Preis eines Wertpapiers enthalten.

Was versteht man unter „Asset Allocation"?

Asset Allocation bezeichnet die Verteilung von Kapital auf verschiedene Anlageklassen, um das Risiko zu diversifizieren. Diese Anlagestrategie ist entscheidend für die langfristige Performance und das Risikomanagement eines Portfolios.

Zu den wichtigsten Anlageklassen gehören Aktien, Anleihen, Immobilien, Rohstoffe und Bargeld. Jede Klasse hat unterschiedliche Risikoprofile und Renditechancen.

Die individuelle Risikobereitschaft und die finanziellen Ziele des Anlegers bestimmen die Gewichtung der verschiedenen Anlageklassen.

Strategische Asset Allocation: Eine langfristige, festgelegte Verteilung der Vermögenswerte basierend auf den finanziellen Zielen.

Taktische Asset Allocation: Eine flexiblere Strategie, bei der die Gewichtung der Anlageklassen je nach Marktbedingungen angepasst wird.

Was sind der MACD, RSI und Bollinger Bands?

MACD, RSI und Bollinger Bands sind technische Indikatoren, die zur Analyse von Preisbewegungen an Finanzmärkten verwendet werden.

Der MACD (Moving Average Convergence Divergence) ist ein Trendfolge-Indikator, der die Beziehung zwischen zwei gleitenden Durchschnitten eines Wertpapiers analysiert. Er zeigt mögliche Kauf- oder Verkaufssignale, wenn sich die beiden Linien (MACD-Linie und Signallinie) kreuzen.

Der RSI (Relative Strength Index) ist ein Oszillator, der die Stärke und Geschwindigkeit von Preisbewegungen misst. Er bewegt sich zwischen 0 und 100. Werte über 70 deuten auf überkaufte, unter 30 auf überverkaufte Kurse hin.

Bollinger Bands bestehen aus einem gleitenden Durchschnitt und zwei Bändern, die eine bestimmte Anzahl von Standardabweichungen vom Durchschnitt entfernt sind. Sie helfen, mögliche Überkauft- oder Überverkauftsituationen zu erkennen und Volatilität darzustellen.

Was bedeutet CFA auf der Visitenkarte von Analysten oder Fondsmanagern?

CFA steht für „Chartered Financial Analyst", eine weltweit anerkannte Zertifizierung im Bereich Finanzanalyse und Investmentmanagement. Personen, die den CFA-Titel tragen, haben das CFA-Programm des CFA-Institutes erfolgreich abgeschlossen, das drei Prüfungen umfasst. Diese Prüfungen decken Themen wie Finanzanalyse, Ethik, Portfolio-Management, Rechnungswesen und Ökonomie ab.

https://www.cfa-germany.de/

Wofür steht CIO auf der Visitenkarte?

CIO steht für "Chief Investment Officer". Der CIO ist in einem Unternehmen oder einer Institution für die Verwaltung und Überwachung der Anlagestrategien verantwortlich. Diese Rolle findet man oft in Investmentgesellschaften, Pensionsfonds, Versicherungen oder großen Unternehmen, die über bedeutende Vermögenswerte verfügen.

Der CIO entscheidet, wie Gelder investiert werden, entwickelt Anlagestrategien und überwacht das Investmentteam. Er analysiert Markttrends und stellt sicher, dass das Portfolio den Zielen des Unternehmens entspricht. Der CIO trägt somit eine zentrale Verantwortung für die Performance und das Risikomanagement des Portfolios und arbeitet eng mit dem Vorstand und anderen Führungskräften zusammen.

Was ist ein „Golden Handshake"?

Ein "Golden Handshake" ist eine Abfindungsvereinbarung, bei der einem Arbeitnehmer, in den meisten Fällen einem hochrangigen Manager, eine großzügige finanzielle Entschädigung bei vorzeitiger Beendigung seines Arbeitsverhältnisses angeboten wird. Diese Abfindung kann in Form von Geld, Aktien oder anderen Vorteilen erfolgen und wird häufig gewährt, wenn die Trennung auf Wunsch des Unternehmens erfolgt, beispielsweise bei einer Unternehmensübernahme, Umstrukturierung oder vorzeitigem Ruhestand.

Der Zweck eines Golden Handshakes ist es, einen reibungslosen und freiwilligen Rücktritt zu fördern und mögliche rechtliche Streitigkeiten zu vermeiden.

Was ist der Unterschied zwischen „passivem" und „aktivem Investieren"?

Bei aktivem Investieren versuchen Anleger, den Markt durch gezielte Auswahl von Anlagen zu schlagen. Sie analysieren Unternehmen, Branchen und wirtschaftliche Trends, um die besten Kauf- und Verkaufszeitpunkte zu bestimmen.

Passives Investieren zielt darauf ab, die Performance eines Index, wie etwa den MSCI World oder S&P 500, nachzubilden. Anleger investieren in Indexfonds oder ETFs, die eine breite Diversifikation bieten. Das Portfolio wird seltener umgeschichtet, und die Anlagen bleiben in der Regel über längere Zeiträume hinweg bestehen.

Passives Investieren hat in der Regel niedrigere Kosten, da weniger Transaktionen und kein aktives Management erforderlich sind. Die Verwaltungskosten sind oft geringer.

Wie funktioniert das „Leverage"-Prinzip?

Das Leverage-Prinzip (Hebelprinzip) bezieht sich auf die Nutzung von Fremdkapital, um die potenzielle Rendite einer Investition zu erhöhen. Es ermöglicht Anlegern, mit einem relativ kleinen Eigenkapitalbetrag größere Positionen einzunehmen.

Investoren leihen sich Geld, um zusätzliche Vermögenswerte zu kaufen. Dies erhöht den Betrag, den sie investieren können, ohne mehr Eigenkapital einsetzen zu müssen.

Risiko: Während Leverage die potenziellen Gewinne erhöht, steigert es auch das Risiko. Verluste können ebenfalls überproportional hoch sein. Wenn eine Investition an Wert verliert, führt dies zu größeren Verlusten.

Wie funktioniert ein „Robo-Advisor"?

Robo-Advisors bieten eine kostengünstige Lösung für Anleger, die eine einfache, automatisierte Möglichkeit suchen, ihre Gelder zu investieren und zu verwalten. Sie kombinieren Technologie und Algorithmen, um individuelle Anlagestrategien zu entwickeln und sind besonders attraktiv für Menschen, die keine umfangreiche Finanzkenntnis haben oder einen unkomplizierten Ansatz zur Vermögensverwaltung bevorzugen.

Robo-Advisors überwachen regelmäßig die Portfolios der Anleger und nehmen bei Bedarf Anpassungen vor, um die ursprüngliche Asset-Allokation wiederherzustellen. Dies hilft, die Risikostruktur des Portfolios aufrechtzuerhalten.

Robo-Advisors bieten in der Regel kostengünstigere Dienstleistungen im Vergleich zu traditionellen Finanzberatern. Die Gebühren sind oft als Prozentsatz des verwalteten Vermögens oder als feste jährliche Gebühr strukturiert.

Was ist P2P-Investing?

P2P-Investing (Peer-to-Peer-Investing) bezeichnet eine Form des Investierens, bei dem Investoren direkt an Privatpersonen oder kleine Unternehmen Geld verleihen, ohne dass eine traditionelle Bank als Vermittler fungiert. Dies geschieht über Online-Plattformen, die Kreditnehmer und Investoren zusammenbringen.

Beispiele sind etwa Bondora, Twino, PeerBerry, Mintos, EstateGuru. Für Investoren ist P2P-Investing eine Möglichkeit, höhere Renditen als bei traditionellen Sparprodukten zu erzielen, allerdings mit dem (hohen) Risiko, dass Kreditnehmer den Kredit nicht zurückzahlen können.

Die FDA ist für die Medikamentenzulassung in den USA zuständig. Wofür steht FDA?

Die FDA steht für „Food and Drug Administration". Sie ist die US-amerikanische Behörde, die für den Schutz der öffentlichen Gesundheit zuständig ist, indem sie die Sicherheit, Wirksamkeit und Qualität von Arzneimitteln, biologischen Produkten und medizinischen Geräten reguliert und überwacht. Die FDA ist auch für die Überwachung von Lebensmitteln, Kosmetika, Tabakerzeugnissen und weitere Produkte verantwortlich.

Die Behörde prüft klinische Studien und Forschungsdaten, bevor sie die Zulassung für neue Medikamente erteilt, um sicherzustellen, dass diese sicher und wirksam für den Einsatz für Patienten sind.

Nenne drei Firmen von Elon Musk

Tesla: Ein Hersteller von Elektrofahrzeugen und erneuerbaren Energien, der sich auf umweltfreundliche Technologien wie Elektroautos, Solaranlagen und Energiespeicherlösungen konzentriert.

SpaceX: Ein Raumfahrtunternehmen, das Raketen und Raumfahrzeuge entwickelt und betreibt.

The Boring Company: Ein Unternehmen, das sich auf die Entwicklung von Tunnelbohrtechnologien zur Lösung von Verkehrsproblemen konzentriert. Ein bekanntes Projekt ist das "Loop"-System, das schnelle, unterirdische Transportsysteme ermöglichen soll.

Was ist Arbitrage?

Arbitrage ist die Ausnutzung von Preisunterschieden eines Vermögenswerts auf verschiedenen Börsen, um einen risikofreien Gewinn zu erzielen. Arbitrageure kaufen den Vermögenswert an einem Markt, wo der Preis niedrig ist, und verkaufen ihn gleichzeitig an einem anderen Markt, wo der Preis höher ist.

Beispiel: Angenommen, eine Aktie wird an Börse A für 50 Euro und an Börse B für 52 Euro gehandelt. Ein Arbitrageur kauft 100 Aktien an Börse A und verkauft sie gleichzeitig an Börse B.

Arbitrage nutzt Marktineffizienzen aus und trägt zur Preisangleichung zwischen Märkten bei.

Aktien

Was versteht man unter einem „Bull Market" und einem „Bear Market"?

Bull Market (Bullenmarkt) und Bear Market (Bärenmarkt) sind Begriffe, die in der Finanzwelt verwendet werden, um die allgemeine Marktstimmung und die Kursbewegungen von Aktien und anderen Anlagen zu beschreiben.

Ein Bull Market bezeichnet eine Phase, in der die Kurse von Wertpapieren, wie Aktien, über einen längeren Zeitraum steigen. Optimismus, Vertrauen der Anleger und wirtschaftliches Wachstum sind häufige Merkmale. Oft wird ein Anstieg von 20% oder mehr von den vorherigen Tiefstständen als Beginn eines Bull Markets angesehen.

Ein Bear Market beschreibt eine Phase, in der die Kurse von Wertpapieren über einen längeren Zeitraum fallen, typischerweise um 20% oder mehr. Pessimismus, Angst und negative wirtschaftliche Prognosen prägen diese Phase.

Wie wird die „Marktliquidität" gemessen?

Die Marktliquidität beschreibt, wie leicht ein Vermögenswert ohne signifikante Preisänderungen gekauft oder verkauft werden kann. Sie ist entscheidend für die Effizienz von Märkten. Es gibt mehrere Methoden, um die Marktliquidität zu messen:

Bid-Ask-Spread: Der Unterschied zwischen dem höchsten Preis, den Käufer bereit sind zu zahlen (Bid), und dem niedrigsten Preis, den Verkäufer akzeptieren (Ask). Ein enger Spread deutet auf hohe Liquidität hin.

Handelsvolumen: Das Gesamtvolumen der gehandelten Vermögenswerte innerhalb eines Tages. Höhere Handelsvolumina weisen auf eine aktivere und damit liquidere Marktumgebung hin.

Erkläre den Begriff M&A

M&A steht für Mergers and Acquisitions, also Fusionen und Übernahmen. Es handelt sich um einen Prozess, bei dem Unternehmen zusammenkommen, um ihre Geschäftstätigkeiten zu kombinieren (Fusion) oder ein anderes Unternehmen zu kaufen (Übernahme).

Fusion (Merger): Zwei Unternehmen schließen sich zusammen, um ein neues, gemeinsames Unternehmen zu bilden. Dabei verlieren beide ursprünglichen Unternehmen ihre rechtliche Identität.

Übernahme (Acquisition): Ein Unternehmen kauft ein anderes Unternehmen und übernimmt dessen Vermögenswerte, Verbindlichkeiten und oft auch dessen Mitarbeiter. Der Erwerber behält in der Regel seine eigene Identität.

M&A-Transaktionen können strategische Gründe haben, wie die Erweiterung des Marktanteils, den Zugang zu neuen Technologien oder die Diversifizierung des Produktportfolios. Diese Prozesse sind oft komplex und können erhebliche finanzielle und rechtliche Auswirkungen auf die beteiligten Unternehmen haben.

Erkläre den Begriff Due Diligence

Due Diligence bezeichnet den sorgfältigen Prüfungs- und Analyseprozess, der vor einer Investition, Übernahme oder Fusion eines Unternehmens durchgeführt wird. Ziel ist es, alle relevanten Informationen über das Unternehmen zu sammeln, um fundierte Entscheidungen zu treffen und potenzielle Risiken zu identifizieren.

Der Due-Diligence-Prozess umfasst in der Regel mehrere Bereiche:

Finanzielle Due Diligence: Überprüfung der finanziellen Unterlagen, wie Bilanzen, Gewinn- und Verlustrechnungen sowie Cashflow-Analysen, um die finanzielle Gesundheit des Unternehmens zu bewerten.

Rechtliche Due Diligence: Analyse von Verträgen, rechtlichen Verpflichtungen und potenziellen rechtlichen Risiken.

Betriebliche Due Diligence: Analyse der betrieblichen Abläufe, Technologien und der Produktqualität, um die Effizienz und Wettbewerbsfähigkeit des Unternehmens zu bewerten.

Markt- und Wettbewerbsanalyse: Bewertung des Marktumfelds und der Wettbewerbsposition des Unternehmens.

Wie errechnet man die Marktkapitalisierung einer Aktie?

Die Marktkapitalisierung einer Aktie wird berechnet, indem man den aktuellen Aktienkurs mit der Anzahl der ausstehenden Aktien multipliziert. Sie gibt den Gesamtwert eines Unternehmens, basierend auf dem Marktpreis der Aktien an.

Wenn der Aktienkurs eines Unternehmens 50 € beträgt und es 1 Million ausstehende Aktien hat, ist die Marktkapitalisierung:

$$50€ \times 1.000.000 = 50.000.000€$$

Das Unternehmen hat also eine Marktkapitalisierung von 50 Millionen Euro.

Welche US-Aktie hat als erste eine Marktkapitalisierung von 1000 Mrd. USD erreicht?

Apple war das erste Unternehmen im S&P500, dessen Aktie eine Marktkapitalisierung von 1.000 Milliarden US-Dollar (1 Billion USD) erreichte. Dies geschah am 2. August 2018. Apple setzte damit einen Meilenstein in der Unternehmensgeschichte und in den globalen Finanzmärkten, indem es als erstes börsennotiertes Unternehmen diesen Wert übertroffen hat.

Welches Datum ist mit dem „schwarzen Freitag" verbunden?

Der Begriff „schwarzer Freitag" wird mit dem 25. Oktober 1929 in Verbindung gebracht. An diesem Tag erlebte die New Yorker Börse einen dramatischen Börsencrash, der als Beginn der Großen Depression gilt.

Wie heißt der Gründer von Berkshire Hathaway, der auch als Orakel von Omaha bekannt ist?

Der Gründer von Berkshire Hathaway - und als Orakel von Omaha bekannt - ist: Warren Buffett. Er ist einer der erfolgreichsten Investoren der Welt und bekannt für seine langfristigen Anlagestrategien sowie seine Fähigkeit, den Wert von Unternehmen zu erkennen. Buffett übernahm in den 1960er Jahren die Kontrolle über Berkshire Hathaway, das ursprünglich ein Textilunternehmen war, und verwandelte es in eine erfolgreiche Investmentgesellschaft. Seine Investmentphilosophie basiert auf wertorientierten, langfristigen Investments in solide Unternehmen mit starken Fundamentaldaten.

Was sind „Earnings per Share" (EPS)?

Earnings per Share (EPS) ist eine wichtige Kennzahl in der Finanzwelt, die den Gewinn eines Unternehmens pro Aktie angibt. Sie wird häufig verwendet, um die Rentabilität eines Unternehmens zu bewerten und Investoren zu helfen, die finanzielle Gesundheit eines Unternehmens einzuschätzen.

Berechnung: EPS wird berechnet, indem der Nettogewinn eines Unternehmens durch die Anzahl der ausstehenden Stammaktien dividiert wird.

Was ist der Unterschied zwischen „Fremdkapital" und „Eigenkapital"?

Fremdkapital und Eigenkapital sind zwei grundlegende Finanzierungsarten, die Unternehmen zur Beschaffung von Kapital verwenden.

Fremdkapital bezeichnet Geldmittel, die ein Unternehmen von externen Quellen leiht. Es handelt sich um Schulden, die zurückgezahlt werden müssen.

Beispiele: Anleihen, Bankdarlehen, Kredite und andere finanzielle Verpflichtungen.

Eigenkapital ist das Kapital, das von den Eigentümern oder Aktionären in ein Unternehmen investiert wird.

Beispiele: Aktienkapital, Rücklagen und Gewinnvorträge.

Nenne mindestens 5 Technologieaktien in Europa

SAP (Deutschland): Ein führendes Unternehmen für Unternehmenssoftware und Cloud-Lösungen.

ASML (Niederlande): Ein Hersteller von Maschinen zur Halbleiterproduktion und Lithografie.

Infineon (Deutschland): Ein Anbieter von Halbleitern und Mikroelektronik.

Nokia (Finnland): Ein Telekommunikationsunternehmen, das Netzwerklösungen und Mobiltechnologie anbietet.

Ericsson (Schweden): Ein Anbieter von Kommunikationslösungen und Netzwerktechnologien.

Adyen (Niederlande): Ein Zahlungsdienstleister, der globale Zahlungslösungen für Unternehmen bietet.

Dassault Systèmes (Frankreich): Ein Anbieter von Softwarelösungen für 3D-Modellierung und Simulation.

Amadeus IT (Spanien): Ein Anbieter von Technologie-Lösungen für die Reise- und Tourismusbranche.

Nenne 5 Wasserstoff-Aktien

Plug Power: Ein Unternehmen, das Wasserstoffbrennstoffzellenlösungen für Elektrofahrzeuge und stationäre Anwendungen entwickelt.

Ballard Power: Ein Anbieter von Brennstoffzellenlösungen.

FuelCell Energy: Entwickelt und produziert Brennstoffzellensysteme, die Wasserstoff als Energiequelle nutzen.

Bloom Energy: Bietet Brennstoffzellenlösungen an, die Wasserstoff und andere Energieträger verwenden.

ITM Power: Ein Unternehmen, das Elektrolyseure zur Erzeugung von Wasserstoff aus erneuerbaren Energien entwickelt.

Was sind „Penny Stocks"?

Penny Stocks sind Aktien von Unternehmen, die zu einem sehr niedrigen Preis gehandelt werden, typischerweise unter 1 USD pro Aktie und sie haben in der Regel eine niedrige Marktkapitalisierung.

Die Aktien können extrem volatil sein, was bedeutet, dass die Preise schnell und erheblich schwanken können. Dies bietet Potenzial für hohe Gewinne, bringt aber auch ein hohes Risiko mit sich.

Penny Stocks sind oft weniger transparent und haben weniger öffentlich verfügbare Informationen als größere Unternehmen. Sie sind anfälliger für Manipulationen, was zu unerwarteten Verlusten führen kann.

Was ist der Unterschied zwischen „Fundamental-" und „Technische Analyse"?

Der Unterschied zwischen fundamentaler Analyse und technischer Analyse liegt in der Methodik und dem Fokus der beiden Ansätze zur Bewertung von Wertpapieren.

Die Fundamentalanalyse bewertet den Wert einer Aktie, indem sie finanzielle und wirtschaftliche Faktoren untersucht. Ziel ist es, den "wahren" Wert eines Unternehmens zu ermitteln. Analysiert werden unter anderem Umsatz, Gewinn, Wachstumspotenzial, Bilanzkennzahlen, Branchenvergleiche und wirtschaftliche Bedingungen. Wichtige Kennzahlen sind z.B. KGV (Kurs-Gewinn-Verhältnis) und ROE (Return on Equity).

Die technische Analyse untersucht Preisbewegungen und Handelsvolumina von Aktien, um zukünftige Kursbewegungen vorherzusagen. Es wird angenommen, dass alle relevanten Informationen bereits im Aktienkurs enthalten sind.

Die technische Analyse verwendet Charts, Trendlinien, Indikatoren und Muster (wie z.B. Kopf-Schulter-Formationen), um Kauf- und Verkaufssignale zu identifizieren und ist häufig auf kurzfristige Handelsstrategien fokussiert.

Was sind die Merkmale des „Value-Investing"-Ansatzes?

Der Value-Investing-Ansatz ist eine Anlagestrategie, die darauf abzielt, unterbewertete Aktien zu identifizieren und zu kaufen, in der Erwartung, dass deren Preise im Laufe der Zeit steigen werden. Dies geschieht vor allem durch die Analyse finanzieller Kennzahlen und Unternehmensbewertungen. Investoren halten die Aktien oft über längere Zeiträume, bis der Markt den wahren Wert der Aktien erkennt.

Value-Investoren nutzen umfassende fundamentale Analysen, um Unternehmen zu bewerten. Wichtige Kennzahlen sind das

Kurs-Gewinn-Verhältnis (KGV), Kurs-Buchwert-Verhältnis (KBV) und die Dividendenrendite. Viele Value-Investoren bevorzugen Unternehmen, die stabile oder wachsende Dividenden zahlen, da diese eine zusätzliche Einkommensquelle bieten und auf die finanzielle Gesundheit des Unternehmens hinweisen. Value-Investoren investieren oft in Unternehmen mit stabilen Cashflows, einer soliden Bilanz und einer starken Marktposition, da diese tendenziell weniger anfällig für wirtschaftliche Abschwünge sind.

Was ist ein „Blue Chip"?

Ein „Blue Chip" ist ein Begriff, um Aktien von großen, bekannten, etablierten und finanziell soliden Unternehmen zu beschreiben. Diese Unternehmen zeichnen sich durch folgende Merkmale aus:

Blue-Chip-Unternehmen haben in der Regel eine hohe Marktkapitalisierung, oft in Milliardenhöhe, was sie zu den größten Unternehmen ihrer Branche macht.

Diese Unternehmen sind meist in stabilen und etablierten Branchen tätig und haben eine lange Geschichte erfolgreicher Geschäftstätigkeit. Sie sind weniger anfällig für wirtschaftliche Schwankungen.

Blue-Chip-Aktien zahlen häufig regelmäßige und steigende Dividenden an ihre Aktionäre, was sie für Einkommensinvestoren attraktiv macht.

Blue Chips genießen oft einen guten Ruf und haben das Vertrauen der Anleger. Ihre Marken sind in der Regel bekannt und respektiert.

In der Regel sind Blue-Chip-Aktien sehr liquide, was bedeutet, dass sie leicht gekauft und verkauft werden können, ohne den Marktpreis zu beeinflussen.

Welche Marken gehören zu Henkel?

Persil (Waschmittel)

Schwarzkopf (Haarpflege)

Loctite (Klebstoffe)

Fa (Körperpflege)

Pritt (Klebestifte)

Syoss (Haarpflege und Styling)

Taft (Haarspray)

Pattex (Klebstoffe)

Welche Marken gehören zu Nestlé?

Nescafé (Kaffee)

KitKat (Schokolade)

Maggi (Lebensmittelprodukte)

Nestea (Teegetränke)

Smarties (Süßigkeiten)

Vittel (Mineralwasser)

Nespresso (Kaffeekapseln)

San Pellegrino (Mineralwasser)

Was sind „Aktienrückkäufe" und warum werden sie durchgeführt?

Aktienrückkäufe (auch als „Buybacks" bekannt) sind Transaktionen, bei denen ein Unternehmen eigene Aktien kauft. Diese Rückkäufe können aus verschiedenen Gründen durchgeführt werden:

Unternehmen nutzen Rückkäufe, um überschüssiges Kapital Cash effizient einzusetzen. Anstatt Dividenden auszuschütten, investieren sie in den Rückkauf ihrer eigenen Aktien.

Durch den Rückkauf von Aktien verringert sich die Anzahl der ausstehenden Aktien, was zu einem Anstieg des Gewinns pro Aktie führt, selbst wenn der Gesamtgewinn unverändert bleibt.

Unternehmen glauben möglicherweise, dass ihre Aktien unterbewertet sind und möchten diese Gelegenheit nutzen, um ihre eigene Aktie zu einem günstigen Preis zurückzukaufen.

Was ist das „Volumen" an der Börse?

Volumen an der Börse bezieht sich auf die Anzahl der Aktien, die innerhalb eines bestimmten Zeitraums (normalerweise 1 Tag) gehandelt werden. Es ist ein wichtiger Indikator für die Liquidität und Aktivität eines Wertpapiers. Ein höheres Volumen bedeutet in der Regel, dass es einfacher ist, eine Position zu kaufen oder zu verkaufen, ohne den Preis signifikant zu beeinflussen. Liquidität ist wichtig, um schnelle Transaktionen zu ermöglichen.

Analysten nutzen das Volumen oft zur Bestätigung von Preisbewegungen. Ein Anstieg des Volumens während eines Preisanstiegs kann auf einen starken Trend hinweisen, während ein Rückgang des Volumens während eines

Preisanstiegs möglicherweise auf eine Schwäche des Trends hinweist.

Ein plötzlicher Anstieg oder Rückgang des Volumens kann durch Nachrichten, Ereignisse oder Marktpsychologie ausgelöst werden.

Was haben Enron, Parmalat und WorldCom gemeinsam?

Alle diese Aktien waren in Finanzskandale verwickelt.

Enron war ein amerikanisches Energieunternehmen, das 2001 in einen der größten Finanzskandale der Geschichte verwickelt war. Das Unternehmen manipulierte seine Bilanz, um Gewinne zu übertreiben und Schulden zu verstecken, was zu seiner Insolvenz führte.

Der Finanzskandal um Parmalat (Lebensmittel- und Getränkeindustrie) kam 2003 ans Licht, als das Unternehmen in einen der größten Bilanzskandale Europas verwickelt war. Es stellte sich heraus, dass Parmalat über 14 Milliarden Euro an Schulden versteckt hatte. Das Unternehmen hatte fiktive Bankguthaben und gefälschte Buchhaltungsunterlagen verwendet, um seine finanzielle Situation zu verschönern.

WorldCom war ein Telekommunikationsunternehmen, das 2002 wegen betrügerischer Buchhaltungspraktiken in den Schlagzeilen war. Es wurden über 11 Milliarden US-Dollar an falschen Gewinnen gemeldet, was zu einer der größten Insolvenzen in der Geschichte der USA führte.

Was ist ein „Earnings Call" und welche Informationen werden dort bereitgestellt?

Ein Earnings Call ist eine Telefonkonferenz, die in der Regel nach der Bekanntgabe der Quartals- oder Jahresberichte eines Unternehmens abgehalten wird. Hierbei präsentieren Unternehmensvertreter, häufig der CEO und der CFO, die finanziellen Ergebnisse und geben Einblicke in die aktuelle Geschäftslage. Die wichtigsten Informationen, die während eines Earnings Calls bereitgestellt werden, sind:

Detaillierte Informationen zu Umsatz, Gewinn, Kosten und anderen finanziellen Kennzahlen.

Prognosen und Erwartungen für zukünftige Ergebnisse, häufig in Form von Umsatz- oder Gewinnprognosen für das nächste Quartal oder Geschäftsjahr.

Informationen über strategische Initiativen, neue Produkte, Markttrends und Veränderungen im Wettbewerb, die das Unternehmen betreffen könnten.

Analysten und Investoren haben die Möglichkeit, Fragen zu stellen, was zu einem tiefen Verständnis der Unternehmensstrategie führen kann.

Was ist der Dividendenabschlag?

Der Dividendenabschlag ist der Rückgang des Aktienkurses eines Unternehmens, der unmittelbar nach der Auszahlung einer Dividende erfolgt. Dieser Effekt tritt auf, weil der Aktienkurs den Wert der ausgezahlten Dividende nicht mehr widerspiegelt.

Zum Beispiel, wenn eine Aktie vor der Ausschüttung 100 Euro wert war und eine Dividende von 5 Euro gezahlt wird, könnte der Eröffnungskurs am Ex-Dividenden-Tag bei etwa 95 Euro liegen. Der Dividendenabschlag ist nicht immer exakt gleich der Höhe der Dividende, da auch andere Faktoren, wie Marktnachrichten oder allgemeine Marktbedingungen, den Aktienkurs beeinflussen können.

Der Dividendenabschlag erfolgt am Ex-Dividenden-Tag, dem Tag, an dem Käufer einer Aktie keinen Anspruch mehr auf die nächste Dividende haben. Nur Käufer vor diesem Datum erhalten die Dividende.

Wie funktioniert das „DCF"-Verfahren?

Das Discounted Cash Flow (DCF)-Verfahren ist eine Methode zur Bewertung eines Unternehmens oder eines Vermögenswertes, die auf der Schätzung zukünftiger Cashflows basiert. Die Grundidee besteht darin, den heutigen Wert dieser zukünftigen Cashflows zu berechnen.

Zunächst werden die zukünftigen Cashflows des Unternehmens für einen bestimmten Zeitraum, typischerweise fünf bis zehn Jahre, geschätzt. Diese Cashflows können aus dem operativen Geschäft, Investitionen und anderen Einnahmequellen stammen.

Die zukünftigen Cashflows werden mit dem Diskontsatz (Abzinsungsfaktor) abgezinst, um den Barwert (Present Value) jeder Cashflow-Zahlung zu berechnen.

Da Unternehmen oft über den Prognosezeitraum hinaus Cashflows generieren, wird zusätzlich ein sogenannter Terminalwert (Terminal Value) berechnet, um den Wert der Cashflows nach der Prognoseperiode abzuschätzen. Dieser Wert wird ebenfalls abgezinst.

Die abgezinsten Cashflows (Summe der Barwerte) und der Terminalwert werden addiert, um den Gesamtwert des Unternehmens zu bestimmen.

Was ist ein „Squeeze-Out" und wann findet er statt?

Ein Squeeze-Out bezeichnet den Prozess, bei dem ein Mehrheitsaktionär die Minderheitsaktionäre eines Unternehmens zwingt, ihre Anteile zu verkaufen. Dies geschieht typischerweise in folgenden Situationen:

Der Mehrheitsaktionär möchte die vollständige Kontrolle über das Unternehmen erlangen. Dies kann durch einen Squeeze-Out geschehen, um die Anzahl der Aktionäre zu reduzieren und die Verwaltung zu vereinfachen.

In vielen Ländern gibt es gesetzliche Regelungen, die einen Squeeze-Out ermöglichen, wenn der Mehrheitsaktionär eine bestimmte Schwelle an Aktien erreicht hat (häufig über 90).

Die Minderheitsaktionäre erhalten in der Regel eine finanzielle Entschädigung für ihre Anteile. Die Höhe dieser Entschädigung wird oft durch ein Bewertungsverfahren bestimmt, das den fairen Marktwert der Aktien berücksichtigt.

Was bedeutet „Rendite auf das Eigenkapital" (ROE)?

Die Rendite auf das Eigenkapital (Return on Equity) ist eine wichtige Kennzahl, welche die Rentabilität eines Unternehmens im Verhältnis zu seinem Eigenkapital misst. Sie zeigt, wie effektiv ein Unternehmen das von seinen Aktionären investierte Kapital nutzt, um Gewinne zu erzielen.

Ein hoher ROE zeigt, dass das Unternehmen in der Lage ist, aus jedem Euro Eigenkapital eine hohe Rendite zu erwirtschaften.

Die Eigenkapitalrendite ermöglicht den Vergleich der Rentabilität zwischen verschiedenen Unternehmen innerhalb derselben Branche.

Nenne die größten Aktien im Stoxx 50

Hier sind einige der größten Aktien im Stoxx 50, einem Index, der die 50 größten Unternehmen in Europa umfasst:

Nestlé (Schweiz)

LVMH Louis Vuitton Moët Hennessy (Frankreich)

SAP (Deutschland)

Siemens (Deutschland)

TotalEnergies (Frankreich)

Sanofi (Frankreich)

Unilever (Vereinigtes Königreich/Niederlande)

Airbus (Frankreich)

Novo Nordisk (Dänemark)

Was ist der Unterschied zwischen dem Stoxx 50 und den EuroStoxx 50?

Der Stoxx 50 und der EuroStoxx 50 sind beides Aktienindizes, die jedoch unterschiedliche Unternehmen und geografische Bereiche abdecken.

Stoxx 50: Dieser Index umfasst die 50 größten Unternehmen aus verschiedenen europäischen Ländern, einschließlich Großbritannien, der Schweiz und anderen Nicht-Euro-Ländern. Er bietet einen breiteren Überblick über den europäischen Aktienmarkt.

EuroStoxx 50: Dieser Index hingegen konzentriert sich ausschließlich auf die 50 größten Unternehmen der Eurozone, also der Länder, die den Euro als Währung verwenden.

Wie heißt der Chef von Nvidia?

Der Chef von Nvidia heißt Jensen Huang. Unter seiner Führung entwickelte sich Nvidia zu einem der führenden Hersteller von Grafikprozessoren und KI-Hardware. Huang ist bekannt für seine visionäre Strategie, die Nvidia in den Bereichen Gaming, Rechenzentren und Künstliche Intelligenz etabliert hat. Geboren in Taiwan, wanderte er als Kind in die USA aus. Er hat einen Abschluss in Elektrotechnik der Stanford University und ist für seinen charakteristischen schwarzen Lederjacken-Look bekannt.

Wie hoch war die Marktkapitalisierung von Apple am 31.12.1999?

Am 31. Dezember 1999 hatte Apple eine Marktkapitalisierung von etwa 9,1 Milliarden US-Dollar. Zu dieser Zeit war Apple noch in einer Umstrukturierungsphase, nachdem das Unternehmen in den späten 1990er Jahren finanzielle Schwierigkeiten hatte.

Die Marktkapitalisierung von Apple stieg jedoch stark an, insbesondere mit der Einführung des iPod im Jahr 2001 und später mit der Einführung des iPhones im Jahr 2007, was das Unternehmen zu einem der wertvollsten Unternehmen der Welt machte.

Wann wurde das erste iPhone vorgestellt?

Das erste iPhone wurde am 9. Januar 2007 von Steve Jobs auf der Macworld Conference & Expo in San Francisco vorgestellt. Jobs präsentierte das Gerät als eine revolutionäre Kombination aus drei Produkten: einem iPod mit Touch-Bedienung, einem Mobiltelefon und einem Internet-kommunikationsgerät. Das iPhone war ein Wendepunkt in der

Mobilfunktechnologie und setzte neue Maßstäbe für Smartphones, insbesondere durch seinen Touchscreen und die intuitive Benutzeroberfläche. Die Präsentation wurde als eines der denkwürdigsten Momente in der Geschichte der Technologie gefeiert.

Wann wurde Google gegründet?

Google wurde am 4. September 1998 gegründet. Die beiden Gründer entwickelten ihre Suchmaschine ursprünglich als Forschungsprojekt an der Stanford University, bevor sie das Unternehmen offiziell gründeten.

Wie heißen die beiden Google-Gründer?

Die beiden Google-Gründer sind Larry Page und Sergey Brin. Sie lernten sich 1995 an der Stanford University kennen und gründeten 1998 gemeinsam Google. Ihre Vision war es, die immense Menge an Informationen im Internet besser zugänglich zu machen. Mit ihrem von Page entwickelten PageRank-Algorithmus revolutionierten sie die Websuche. Google wuchs schnell zu einem der einflussreichsten Technologieunternehmen der Welt.

Was ist ein IPO?

Ein IPO (Initial Public Offering) bezeichnet den Börsengang eines Unternehmens, bei dem es zum ersten Mal seine Aktien öffentlich an einer Börse platziert. Durch ein IPO wird ein privates Unternehmen zu einer börsennotierten Gesellschaft und Investoren können Anteile daran an der Börse kaufen. Dies ermöglicht dem Unternehmen, Kapital für Wachstum, Investitionen oder Schuldenabbau zu beschaffen. Ein IPO kann das Unternehmen bekannter machen und seinen Marktwert steigern. Allerdings bedeutet der Börsengang auch höhere regulatorische Anforderungen und Transparenzpflichten. Der Prozess eines IPOs umfasst in der Regel die Zusammenarbeit mit Investmentbanken, die den Börsengang organisieren und begleiten.

Wie kam es zur Idee bzw. Gründung von Airbnb?

Die Gründung von Airbnb geht auf das Jahr 2007 zurück, als Brian Chesky und Joe Gebbia in San Francisco Schwierigkeiten hatten, ihre Miete zu zahlen. Sie kamen auf die Idee, ihre Wohnung als Übernachtungsmöglichkeit anzubieten, da in der Stadt eine große Konferenz stattfand und viele Hotels ausgebucht waren. Sie stellten drei Luftmatratzen in ihrem Wohnzimmer auf und nannten ihr Angebot „Airbed and Breakfast".

Nathan Blecharczyk, ein ehemaliger Mitbewohner und technischer Experte, schloss sich ihnen an, und zusammen entwickelten sie die Idee weiter. Im Jahr 2008 starteten sie die Website Airbnb, die es Menschen ermöglichte, kurzfristige Unterkünfte weltweit anzubieten und zu buchen. Die Plattform wuchs schnell und wurde zu einem globalen Unternehmen.

Was passiert bei einem Aktiensplit?

Ein Aktiensplit ist ein Verfahren, bei dem ein Unternehmen seine bestehenden Aktien in mehrere Stücke aufteilt, um den Preis pro Aktie zu senken und die Handelbarkeit zu erhöhen. Das Unternehmen erhöht dabei die Anzahl der ausstehenden Aktien, ohne den Gesamtwert der Marktkapitalisierung zu verändern.

Beispiel: Bei einem 2:1-Split erhält ein Aktionär für jede seiner Aktien zwei neue. Der Aktienpreis wird dabei halbiert. Bei einem 3:1-Split bekommt man drei Aktien für jede vorhandene, und der Preis wird auf ein Drittel reduziert.

Der Wert des Gesamtbesitzes eines Aktionärs bleibt gleich, nur die Anzahl der Aktien und der Preis je Aktie ändern sich proportional.

Was ist ein Reverse-Split?

Ein Reverse-Split (auch "Aktienzusammenlegung" genannt) ist das Gegenteil eines Aktiensplits. Dabei verringert ein Unternehmen die Anzahl seiner ausstehenden Aktien, indem es mehrere alte Aktien zu einer neuen zusammenfasst. Dadurch steigt der Preis pro Aktie, während der Gesamtwert der Aktien des Aktionärs gleich bleibt. Ein Reverse-Split wird oft durchgeführt, um den Aktienkurs zu erhöhen, beispielsweise um die Anforderungen der Börse zu erfüllen oder um den Kurs optisch attraktiver zu machen.

Beispiel: Bei einem 1:5-Reverse-Split wird aus fünf alten Aktien eine neue, und der Preis pro Aktie verfünffacht sich.

Wie heißen die größten börsennotierten Reiseveranstalter.

TUI AG

Booking Holdings

Expedia Group

Carnival Corporation

Airbnb

Ist eine Aktie mit einer Dividendenrendite von 8% „besser", als eine Aktie von 2%?

Ob eine Aktie mit einer Dividendenrendite von 8% "besser" ist, als eine Aktie mit 2%, hängt von mehreren Faktoren ab:

Nachhaltigkeit der Dividende: Eine hohe Dividendenrendite kann verlockend sein, aber sie könnte auch ein Zeichen für finanzielle Schwierigkeiten sein, zum Beispiel könnte der Aktienkurs stark gefallen sein und deshalb die Dividendenrendite attraktiv aussehen. Wenn es dem Unternehmen jedoch schlecht geht, kann es zu Dividendenkürzungen oder zum Ausfall der Dividende(n) führen.

Wachstumspotenzial: Unternehmen mit niedrigen Dividendenrenditen haben oft mehr Kapital für Investitionen und Wachstum. Eine Aktie mit 2% könnte daher bessere Kursgewinne bieten, während eine Aktie mit 8% möglicherweise weniger Wachstumschancen hat.

Persönliche Anlagestrategie: Die Wahl hängt auch von den individuellen Anlagezielen ab. Einkommensorientierte Anleger können eine hohe Dividendenrendite bevorzugen, während wachstumsorientierte Anleger möglicherweise auf Kursgewinne fokussiert sind.

Zusammengefasst ist eine höhere Dividendenrendite nicht automatisch besser - eine umfassende Analyse der Unternehmensfundamentaldaten und der eigenen Anlagestrategie ist entscheidend.

Ist eine Aktie mit einem KGV von 8 „besser" als eine Aktie mit 30?

Ob eine Aktie mit einem Kurs-Gewinn-Verhältnis (KGV) von 8 "besser" ist als eine Aktie mit einem KGV von 30 hängt auch hier von verschiedenen Faktoren ab:

Wachstumsrate: Ein niedriges KGV (z.B. 8) kann darauf hindeuten, dass die Aktie unterbewertet ist oder dass das Unternehmen langsamer wächst. Ein höheres KGV (z.B. 30) könnte für ein Unternehmen mit höherem Wachstumspotenzial stehen, wie es bei vielen Tech-Unternehmen, einschließlich Amazon, der Fall ist.

Branche: Verschiedene Branchen haben unterschiedliche durchschnittliche KGVs. Ein KGV von 30 kann in der Technologiebranche normal sein, während 8 in stabileren, weniger wachstumsstarken Branchen üblich ist.

Zukunftserwartungen: Ein niedrigeres KGV könnte auch auf Marktbedenken hinweisen, während ein höheres KGV für positive Erwartungen an zukünftige Gewinne steht.

Finanzielle Stabilität: Es ist wichtig, die finanzielle Gesundheit und die Wachstumsstrategie des Unternehmens zu berücksichtigen.

Für Amazon, das oft ein höheres KGV aufweist, ist es entscheidend, das KGV im Kontext seines Wachstumspotenzials und seiner Marktposition zu betrachten. Eine Aktie mit KGV 8 ist nicht zwangsläufig besser - eine umfassende Analyse der zugrunde liegenden Faktoren ist unbedingt notwendig.

Kann ich in Musikrechte investieren?

Ja, du kannst in Musikrechte investieren, und es gibt mehrere Möglichkeiten sowie Unternehmen, die in diesem Bereich tätig sind, wie etwa Musikrechte-Fonds. Einige Investmentfonds spezialisieren sich auf den Kauf von Musikrechten, Einnahmen aus Lizenzen und Tantiemen. Diese Fonds ermöglichen es Anlegern, indirekt in Musikrechte zu investieren.

Es gibt börsennotierte Unternehmen, die im Musikbereich tätig sind, wie:

Hipgnosis Songs:

https://www.hipgnosissongs.com/ hat die Rechte an etwa 40.000 Musikstücken erworben.

Universal Music Group:

Als einer der größten Musiklabels der Welt bietet UMG eine direkte Möglichkeit, in Musikrechte zu investieren.

Warner Music Group:

Ein weiteres großes Musiklabel, das ebenfalls an der Börse notiert ist.

Live Nation Entertainment:

Das Unternehmen ist im Bereich Live-Events und Ticketvertrieb tätig, aber auch in der Musikrechteverwaltung aktiv.

Plattformen für Musikrechte:

Es gibt auch Online-Plattformen, wie:

https://www.royaltyexchange.com/ die es Anlegern ermöglichen, direkt in Musikrechte zu investieren.

Wann wurde der VW-Abgasskandal bekannt?

Der VW-Abgasskandal, auch als "Dieselgate" bekannt, wurde am 22. September 2015 öffentlich bekannt, als die US-Umweltschutzbehörde (EPA) bei Volkswagen feststellte, dass das Unternehmen in seinen Diesel-Fahrzeugen illegale Software verwendet hatte. Diese Software erkannte, wann die Fahrzeuge getestet wurden, und passte die Emissionen entsprechend an, um die gesetzlichen Anforderungen zu erfüllen.

Die Enthüllungen führten zu umfangreichen rechtlichen Konsequenzen, finanziellen Strafen und einem massiven Vertrauensverlust in die Marke Volkswagen. Der Skandal hatte weitreichende Auswirkungen auf die gesamte Automobilindustrie.

Anleihen

Was ist der Unterschied zwischen Investmentgrade und High Yield?

Der Unterschied zwischen Investment Grade und High Yield bezieht sich auf die Bonität von Anleihen.

Investment Grade: Diese Anleihen haben eine hohe Kreditwürdigkeit. Sie werden von Rating-Agenturen mit Noten wie BBB- oder höher (Standard & Poor's, Fitch) bzw. Baa3 oder höher (Moody's) bewertet. Das Risiko eines Zahlungsausfalls ist gering, und sie gelten als sicherer, bieten aber in der Regel niedrigere Renditen.

High Yield Anleihen, die unterhalb von BBB- bzw. Baa3 bewertet sind, gelten als riskanter. Sie bieten höhere Renditen, um das höhere Ausfallrisiko auszugleichen. Diese Anleihen werden auch „Junk Bonds" genannt.

Wann spricht man von einem Default?

Von einem Default spricht man, wenn ein Schuldner, wie ein Unternehmen oder ein Staat, seinen Zahlungsverpflichtungen nicht mehr nachkommt. Dies kann passieren, wenn der Schuldner die fälligen Zinsen oder die Rückzahlung des geliehenen Kapitals nicht leisten kann. Ein Default kann entweder ein Zahlungsverzug (technischer Default) oder eine Insolvenz sein. In der Finanzwelt wird der Begriff verwendet, um den Moment zu kennzeichnen, in dem ein Kreditnehmer formell als zahlungsunfähig gilt, was häufig zu Verlusten bei den Gläubigern führt.

Was ist die „grace period" im Falle eines Defaults?

Die „grace period" ist ein festgelegter Zeitraum nach Fälligkeit einer Zahlung, in dem der Schuldner die Möglichkeit hat, seinen Zahlungsverpflichtungen doch noch nachzukommen, ohne als offiziell in Default zu gelten. Während dieser Frist werden keine rechtlichen Maßnahmen eingeleitet, und der Schuldner kann die ausstehende Zahlung ohne weitere Strafen leisten. Wenn die Zahlung innerhalb der grace period erfolgt (meist sind das bis zu 30 Tagen), wird der Schuldner nicht als zahlungsunfähig betrachtet.

Was ist die Recovery Rate?

Die Recovery Rate ist der Anteil eines Kredits oder einer Anleihe, den Gläubiger nach einem Default (Zahlungsausfall) zurückerhalten. Sie wird als Prozentsatz des ursprünglichen Nennwerts des Finanzinstruments angegeben. Zum Beispiel bedeutet eine Recovery Rate von 40%, dass die Gläubiger 40% ihres ursprünglichen Kapitals zurückbekommen. Die Höhe der Recovery Rate hängt von verschiedenen Faktoren ab, wie der Art des Finanzinstruments, der Vermögenslage des Schuldners und der rechtlichen Situation im Insolvenzverfahren. Die Recovery Rate ist ein wichtiger Indikator für das Risiko eines Investments.

Wie wird die „Rendite" einer Anleihe berechnet?

Die Rendite kann auf verschiedene Arten ermittelt werden, aber die häufigste Methode ist die effektive Rendite (Yield to Maturity, YTM). Diese berücksichtigt den Kaufpreis, den Nominalwert, die Kuponzahlungen und die Restlaufzeit der Anleihe.

Was ist ein Pfandbrief?

Ein Pfandbrief ist eine spezielle Form einer Anleihe, die von Banken emittiert wird und durch ein abgesichertes Vermögen, meist Immobilienkredite gedeckt ist. Pfandbriefe sind festverzinsliche Wertpapiere, die in Deutschland streng reguliert sind und dem Pfandbriefgesetz unterliegen. Sie bieten Investoren eine hohe Sicherheit, da sie im Falle eines Ausfalls vorrangig bedient werden.

Was ist ein Floater?

Ein „Floater" (auch floating rate note) ist eine Anleihe mit einem variablen Zinssatz. Der Zinssatz passt sich in regelmäßigen Abständen an einen Referenzzinssatz, wie beispielsweise dem 3-Monats-Euribor an. Floater sind attraktiv in Zeiten steigender Zinsen, da die Zinszahlungen mit dem Referenzzinssatz steigen. Der variable Zinssatz schützt den Anleger vor dem Zinsrisiko, das bei festverzinslichen Anleihen besteht, wenn die Zinsen am Markt steigen. Gleichzeitig können Floater jedoch in Phasen sinkender Zinsen weniger attraktiv sein, da die Zinszahlungen entsprechend sinken.

Was ist ein Reverse-Floater?

Ein „Reverse-Floater" ist eine Anleihe mit einem variablen Zinssatz, der umgekehrt zu einem Referenzzinssatz angepasst wird. Das bedeutet: wenn der Referenzzinssatz steigt, sinkt der Zinssatz des Reverse-Floaters, und wenn der Referenzzinssatz fällt, steigt der Zinssatz der Anleihe. Diese Struktur wird oft von Investoren genutzt, die von sinkenden Zinsen profitieren möchten. Allerdings birgt sie auch das Risiko, dass bei steigenden Zinsen die Zinszahlungen deutlich reduziert werden, was die Anlage weniger attraktiv macht.

Der Kupon könnte sich z.B. errechnen aus:

6% minus aktuellem 3-Monats-Euribor

Was ist ein Perpetual?

Ein „Perpetual" (auch als „Perpetual Bond" oder auch „Ewige Anleihe" bekannt) ist eine Anleihe, die keine fixe Laufzeit hat und somit keine Rückzahlung des Nennwerts an den Anleger vorsieht. Stattdessen zahlt der Emittent dem Anleihegläubiger regelmäßig Zinsen, die häufig als Kupon bezeichnet werden, bis die Anleihe gekündigt wird. Diese Anleihen können für den Anleger attraktiv sein, da sie in der Regel höhere Zinsen bieten als vergleichbare festverzinsliche Anleihen mit einer bestimmten Laufzeit.

Was sind Senior Loans?

Senior Loans (auch „vorrangige Darlehen") sind Kredite, die im Falle einer Insolvenz eines Unternehmens bevorzugt zurückgezahlt werden. Sie haben einen höheren Rang als andere Schuldenarten, wie zum Beispiel nachrangige Darlehen (Subordinated Loans).

Senior Loans sind in der Regel durch Vermögenswerte des Unternehmens besichert, was das Risiko für die Gläubiger reduziert. Im Insolvenzfall erhalten die Gläubiger von Senior Loans zuerst ihr Geld zurück, bevor andere Schulden bedient werden.

Was ist Private Debt?

Private Debt bezeichnet nicht-öffentlich gehandelte Kredite, die von Unternehmen aufgenommen werden. Diese Form der Finanzierung erfolgt meist über spezialisierte Fonds oder institutionelle Anleger und nicht über Banken oder öffentliche Kapitalmärkte. Private Debt umfasst verschiedene Formen wie direkte Kredite, Mezzanine-Kapital oder besicherte Darlehen. Unternehmen nutzen Private Debt häufig, um Wachstum zu finanzieren, Übernahmen zu tätigen oder ihre Kapitalstruktur zu optimieren. Da diese Kredite nicht öffentlich gehandelt werden, ist die Liquidität sehr gering, was meist zu höheren Zinssätzen führt.

Was ist der Unterschied zwischen „Secured" und „Unsecured" Debt?

Der Unterschied zwischen "Secured" und "Unsecured" Debt liegt in der Absicherung der Schulden durch Vermögenswerte:

Secured Debt (besicherte Schulden): Die Schulden sind durch bestimmte Vermögenswerte (z. B. Immobilien, Fahrzeuge, etc.) abgesichert. Beispiele sind Hypotheken, Autokredite.

Unsecured Debt (unbesicherte Schulden): Es gibt keine speziellen Vermögenswerte, die als Sicherheit dienen. Beispiele sind Kreditkarten, Konsumentenkredite.

Was ist die Aufgabe von „Rating-Agenturen"?

Rating-Agenturen bewerten die Kreditwürdigkeit von Unternehmen, Staaten oder Finanzinstrumenten, insbesondere Anleihen. Sie spielen eine zentrale Rolle auf den Finanzmärkten, indem sie das Ausfallrisiko von Schuldnern oder Emittenten einschätzen.

Ihre Hauptaufgabe liegt in der Bonitätsbewertung.

Ratingagenturen vergeben Ratings (z. B. AAA, AA+, AA, AA-, usw.), welche die Fähigkeit des Schuldners widerspiegeln, seine Schulden pünktlich zu begleichen.

Informationsbereitstellung:

Ratingagenturen helfen Investoren, Risiken besser einzuschätzen und fundierte Anlageentscheidungen zu treffen.

Kosten der Finanzierung:

Ein besseres Rating führt oft zu günstigeren Konditionen, da das Ausfallrisiko als geringer eingeschätzt wird.

Die bekanntesten Rating-Agenturen sind Moody's, Standard & Poor's und Fitch.

Wie werden „syndizierte Kredite" vergeben?

„Syndizierte Kredite" (auch Konsortialkredite) werden von einer Gruppe von Banken gemeinsam vergeben, um größere Kredite für Unternehmen oder Projekte zu finanzieren, die das Kreditrisiko und den Kapitalbedarf einer einzelnen Bank übersteigen.

Eine Bank, meist die „Lead Bank" oder „Arrangeur", koordiniert den Prozess und stellt den Kontakt zu den anderen Banken her. Die Banken teilen sich das Risiko und die

Zinseinnahmen entsprechend ihrer Beteiligung. Die Kreditnehmer profitieren, indem sie Zugang zu höheren Kreditvolumen erhalten, während die Banken ihr Risiko durch die Verteilung auf mehrere Kreditgeber reduzieren.

Was sind supranationale Emittenten?

Supranationale Emittenten sind Organisationen, die von mehreren Ländern gegründet wurden, um gemeinsame wirtschaftliche oder politische Ziele zu verfolgen. Diese Institutionen können Anleihen emittieren, die als sichere Anlagen gelten, da sie von mehreren Staaten unterstützt werden. Beispiele für supranationale Emittenten sind:

Weltbank (International Bank for Reconstruction and Development, IBRD)

Europäische Investitionsbank (EIB)

Kreditanstalt für Wiederaufbau (KfW)

Was ist der „risikofreie Zinssatz"?

Der risikofreie Zinssatz ist der Zinssatz, den ein Anleger für eine Anlage erwarten kann, die kein Ausfallrisiko trägt. In der Praxis wird er oft anhand von „sicheren" Staatsanleihen, wie z. B. den US-Treasury Bonds, gemessen, da diese als nahezu risikofrei gelten.

Merkmale:

Kein Ausfallrisiko: Staatliche Schuldtitel mit hoher Bonität gelten als sicher.

Referenz für Berechnungen: Der risikofreie Zinssatz dient oft als Basis für die Berechnung von Risikoprämien und die Bewertung anderer Investments.

Beispiele: In den USA ist der risikofreie Zinssatz oft der Zinssatz für 3-Monats-Staatsanleihen (T-Bills).

Der risikofreie Zinssatz ist auch ein zentraler Faktor in der Finanzbewertung, etwa im Capital Asset Pricing Model (CAPM).

Was sind „Corporate Bonds"?

Corporate Bonds sind Unternehmensanleihen, bei denen ein Unternehmen Schulden aufnimmt, um Kapital zu beschaffen. Im Gegensatz zu Staatsanleihen werden sie von privaten oder börsennotierten Unternehmen emittiert.

Merkmale sind:

Zinsen: Die Emittenten zahlen den Investoren feste oder variable Zinsen (Kupons) über die Laufzeit der Anleihe.

Rückzahlung: Am Ende der Laufzeit wird der Nennwert der Anleihe zurückgezahlt.

Risiko: Ist höher als bei Staatsanleihen, da Unternehmen ein größeres Ausfallrisiko haben. Unternehmen mit schlechterer Bonität bieten häufig höhere Zinsen, um das Risiko für die Investoren zu kompensieren.

Beispiele: Anleihen von Unternehmen wie Apple, BMW oder Siemens.

Was sind die Unterschiede zwischen „fixer" und „variabler" Verzinsung bei Anleihen?

Der Unterschied zwischen fixer und variabler Verzinsung bei Anleihen liegt in der Art und Weise, wie die Zinszahlungen (Kupons) an den Anleger festgelegt werden.

Feste Verzinsung:

Konstant: Der Zinssatz (Kupon) bleibt über die gesamte Laufzeit der Anleihe gleich. Der Anleger erhält regelmäßig die gleiche Zinszahlung, was vorhersehbare Erträge ermöglicht.

Beispiel: Eine Anleihe mit einem festen Zinssatz von 5% zahlt jedes Jahr denselben Betrag.

Variable Verzinsung: siehe Floater.

Anpassungsfähig: Der Zinssatz wird regelmäßig angepasst, oft basierend auf einem Referenzzinssatz (z. B. Euribor oder Libor). Die Zahlungen können je nach Marktzinsniveau schwanken, was höhere oder niedrigere Zinsen bedeuten kann.

Beispiel: Eine Anleihe mit einem Zinssatz, der alle 3 Monate an den Marktzinssatz (3-Monats-Euribor) angepasst wird.

Was sind „Credit Default Swaps" (CDS) und wozu werden sie verwendet?

Credit Default Swaps (CDS) sind Finanzderivate, die als Versicherung gegen das Ausfallrisiko eines Kredits oder einer Anleihe dienen. Ein CDS ermöglicht es einem Käufer, sich gegen das Risiko abzusichern, dass ein Schuldner (z. B. ein Unternehmen oder ein Staat) seine Schulden nicht zahlen kann.

Der CDS-Käufer zahlt regelmäßig Prämien an den Verkäufer. Im Gegenzug erhält der Käufer eine Entschädigung, wenn der Schuldner ausfällt.

Investoren nutzen CDS auch, um auf die Bonität von Unternehmen oder Staaten zu wetten, ohne tatsächlich die Anleihe zu besitzen.

Beispiel: Ein Anleger kauft einen CDS auf eine Unternehmensanleihe (z.B. Volkswagen), um sich gegen einen möglichen Zahlungsausfall des Unternehmens abzusichern.

CDS spielen auch eine wichtige Rolle im Risikomanagement.

Was bedeutet der Begriff „Zinsstrukturkurve"?

Die Zinsstrukturkurve (auch Renditekurve) zeigt den Zusammenhang zwischen den Zinssätzen (Renditen) und der Laufzeit von Anleihen gleicher Bonität, in der Regel Staatsanleihen. Sie veranschaulicht, wie sich Zinssätze für Anleihen mit unterschiedlicher Laufzeit entwickeln.

Es gibt unterschiedliche Typen von Zinsstrukturkurven:

Normal: Langfristige Anleihen haben höhere Zinsen als kurzfristige.

Invers: Kurzfristige Zinsen sind höher als langfristige, was oft als Warnsignal für eine Rezession gesehen wird.

Flach: Zinsen über verschiedene Laufzeiten sind ähnlich, was eine gewisse Unsicherheit im Markt widerspiegeln kann.

Die Zinsstrukturkurve hilft Investoren, Zinsänderungs-erwartungen zu verstehen und Anlageentscheidungen zu treffen.

Wie funktionieren „Zins-Swaps"?

Zinswechselgeschäfte (auch Interest Rate Swaps) sind Finanzinstrumente, bei denen zwei Parteien vereinbaren, zukünftige Zinszahlungen auf einen bestimmten Betrag auszutauschen. Diese Geschäfte werden häufig genutzt, um Zinsrisiken zu managen oder die Finanzierungskosten zu optimieren.

Funktionsweise:

Zwei Parteien schließen einen Swapvertrag ab. In diesem sind das Volumen, die Laufzeit und die jeweiligen Zinssätze vereinbart.

Eine Partei zahlt einen festen Zinssatz (z.B. 5%), während die andere einen variablen Zinssatz (z.B. 3-Monats-Euribor) zahlt.

Nennbetrag: Der Austausch erfolgt auf einen vereinbarten Nennbetrag, der jedoch nicht tatsächlich fließt - nur die Zinszahlungen werden ausgeglichen.

Zahlungszeitpunkte: Die Zahlungen erfolgen in festgelegten Intervallen (z. B. vierteljährlich oder jährlich).

Swaps sind ein wichtiges Werkzeug im modernen Finanzmanagement und der Risikosteuerung.

Was sind „Sichere-Hafen-Investments"?

Ein „Save-Haven-Investment" bezeichnet eine Anlage, die in Zeiten wirtschaftlicher Unsicherheit oder Marktvolatilität als besonders stabil und risikoarm gilt. Diese Investments werden von Anlegern bevorzugt, um ihr Kapital zu schützen, wenn die Märkte schwanken oder eine Krise droht.

Beispiele:

Gold: Wird oft als Wertspeicher genutzt.

Staatsanleihen: Vor allem von wirtschaftlich stabilen Ländern wie den USA oder Deutschland.

Bargeld und Cash am Konto: Kann ebenfalls als sicher gelten, da es nicht von Marktschwankungen betroffen ist.

Solche Anlagen neigen dazu, in Krisenzeiten an Wert zu gewinnen oder stabil zu bleiben, während riskantere Anlagen an Wert verlieren.

Wie funktioniert ein „Asset-Backed Security"?

Asset-Backed Securities (ABS) sind Finanzinstrumente, die durch einen Pool von zugrunde liegenden Vermögenswerten besichert sind, meist Finanzforderungen wie Kredite oder Leasingverträge. ABS ermöglichen es, Kapital durch die Bündelung dieser Vermögenswerte zu beschaffen.

Funktionsweise:

Finanzinstitute bündeln verschiedene Vermögenswerte, wie Autokredite, Hypotheken oder Kreditkartenforderungen.

Ein sogenanntes Special Purpose Vehicle (SPV) wird eingerichtet, um diese Vermögenswerte zu halten und die ABS auszugeben.

Das SPV emittiert Anteile (ABS).

Investoren erhalten regelmäßige Zahlungen, die aus den Zins- und Tilgungszahlungen der zugrunde liegenden Vermögenswerte stammen.

ABS bieten Investoren die Möglichkeit, in illiquide Vermögenswerte zu investieren und diese in handelbare Wertpapiere umzuwandeln.

Was sind „Euribor" und „Libor"?

Euribor (Euro Interbank Offered Rate) und Libor (London Interbank Offered Rate) sind Referenzzinssätze, die den Zinssatz widerspiegeln, zu dem Banken bereit sind, sich gegenseitig Geld zu leihen. Sie dienen als wichtige Benchmark für verschiedene Finanzprodukte, darunter Kredite, Hypotheken und Anleihen.

Euribor:

Weit verbreitet in der Eurozone und wird oft verwendet, um variable Zinssätze für Hypotheken und Kredite zu bestimmen.

Die Berechnung erfolgt täglich basierend auf den Zinssätzen, die von einer Gruppe europäischer Banken für unbesicherte Einlagen angeboten werden.

Euribor Zinssätze gibt es für verschiedene Laufzeiten, von einer Woche bis zu 12 Monaten.

Libor:

Relevant für den britischen und internationalen Markt.

Die Berechnung erfolgt täglich basierend auf den Zinssätzen, die große internationale Banken für unbesicherte Übernacht- („Overnight") und Termingeschäfte anbieten.

Der Libor wird für mehrere Währungen und verschiedene Laufzeiten (von einem Tag bis zu 12 Monaten) berechnet.

Der Libor diente lange Zeit als Grundlage für eine Vielzahl von Finanzinstrumenten weltweit, steht jedoch aufgrund von Skandalen und Manipulationsvorwürfen unter Druck.

Beide Zinssätze spielen eine zentrale Rolle im globalen Finanzsystem.

Was ist der Unterschied zwischen dem CEMBI und EMBI?

CEMBI (Corporate Emerging Markets Bond Index) und EMBI (Emerging Markets Bond Index) sind beides Indizes für Anleihen aus Schwellenländern, unterscheiden sich jedoch in ihrem Fokus.

Der CEMBI konzentriert sich auf Unternehmensanleihen aus Schwellenländern.

Der EMBI hingegen umfasst Staatsanleihen aus Schwellenländern (Emerging Market).

Was sind „Hybridanleihen"?

Hybridanleihen sind Finanzinstrumente, die Elemente sowohl von Anleihen als auch von Eigenkapital kombinieren. Sie werden von Unternehmen ausgegeben und bieten Anlegern eine höhere Rendite als traditionelle Anleihen, haben jedoch auch ein höheres Risiko.

Hybridanleihen haben in der Regel keine feste Laufzeit und keine Fälligkeit.

Kuponzahlungen können in bestimmten Situationen ausgesetzt werden, ohne dass die Anleihe sofort in Zahlungsverzug gerät.

Nachrangigkeit: Im Falle einer Insolvenz stehen die Halter von Hybridanleihen nach den Inhabern von vorrangigen Schulden, jedoch vor den Aktionären in der Rangfolge der Rückzahlung.

Unternehmen nutzen Hybridanleihen, um Kapital zu beschaffen, ohne ihre Eigenkapitalstruktur stark zu verändern und sie bieten Unternehmen die Flexibilität, die Zinszahlungen in schwierigen Zeiten auszusetzen.

Was sind Stückzinsen bei einer Anleihe?

Stückzinsen sind Zinsen für den Kupon, die zwischen den Kuponterminen auflaufen. Sie entstehen, weil Anleihen in der Regel zu einem bestimmten Zeitpunkt (z. B. jährlich oder halbjährlich) Zinsen ausschütten. Wenn eine Anleihe zwischen diesen Ausschüttungsterminen verkauft wird, muss der Käufer dem Verkäufer die Zinsen, die bis zum Verkaufsdatum aufgelaufen sind, erstatten.

Der Käufer zahlt den Marktpreis einer Anleihe plus die Stückzinsen.

Was bedeutet ein Emissionskurs „über pari"?

Ein Emissionskurs „über pari" bedeutet, dass ein Wertpapier (wie eine Anleihe oder Aktie) zu einem Preis ausgegeben wird, der höher als der Nennwert ist. Zum Beispiel, wenn der Nennwert einer Anleihe 100 € beträgt, aber sie für 101 € verkauft wird, liegt der Emissionskurs „über pari". Der Anleger zahlt also mehr als den Nennwert für das Wertpapier. Dies kann vorkommen, wenn die Nachfrage nach dem Wertpapier hoch ist oder die Zinssätze des Papiers attraktiver sind als die aktuellen Marktzinsen.

Welche Staatsanleihen zahlen mehrmals im Jahr einen Kupon?

US-Treasuries (Staatsanleihen der USA): Sie zahlen in der Regel halbjährlich Zinsen.

Gilts (britische Staatsanleihen): Auch sie zahlen in der Regel alle sechs Monate einen Kupon.

Kanadische Staatsanleihen: Auch diese zahlen halbjährlich Zinsen.

Was sind „Kreditrisiken" und wie werden sie bewertet?

Kreditrisiken beziehen sich auf die Möglichkeit, dass ein Kreditnehmer seinen finanziellen Verpflichtungen nicht nachkommt, was zu Verlusten für den Kreditgeber führen kann. Diese Risiken sind besonders relevant für Investoren und andere Finanzinstitute, die Kredite oder Anleihen vergeben.

Verschiedene Kennzahlen werden zur Analyse des Kreditnehmers herangezogen, wie z. B. die Verschuldungsquote, das Verhältnis von Eigenkapital zu Gesamtkapital und der Cashflow.

Die allgemeine wirtschaftliche Lage kann die Fähigkeit eines Kreditnehmers beeinflussen, seine Verpflichtungen zu erfüllen. Rezessionen erhöhen in der Regel die Kreditrisiken.

Die spezifische Branche, in der der Kreditnehmer tätig ist, wird ebenfalls berücksichtigt. Einige Sektoren sind anfälliger für wirtschaftliche Schwankungen als andere Branchen.

Wie funktioniert der „Zinseszinseffekt"?

Der Zinseszinseffekt ist ein grundlegendes Konzept in der Finanzwelt und spielt eine wesentliche Rolle bei der Vermögensbildung und Altersvorsorge.

Der Zinseszinseffekt beschreibt die Fähigkeit von Kapital, über die Zeit exponentiell zu wachsen, wenn Zinsen auf sowohl das ursprüngliche Kapital als auch die bereits angefallenen Zinsen gezahlt werden. Dieser Effekt ist besonders stark bei langfristigen Investitionen.

Beispiel:

Angenommen, Sie investieren 1.000 Euro mit einem jährlichen Netto-Zinssatz von 5%.

Nach dem ersten Jahr haben Sie 1.000 Euro + 5% Zinsen = 1.050 Euro.

Im zweiten Jahr werden die Zinsen auf 1.050 Euro berechnet, was 1.050 Euro + 5% Zinsen = 1.102,50 Euro ergibt.

Je länger das Geld investiert bleibt, desto größer ist der Zinseszinseffekt.

Was ist ein „Downgrade" bei einer Anleihe?

Ein Downgrade bei einer Anleihe bezeichnet die Herabstufung der Kreditwürdigkeit eines Unternehmens oder eines Staates durch eine Ratingagentur wie Moody´s, Standard & Poor's oder Fitch. Dies geschieht, wenn die Ratingagentur der Ansicht ist, dass die Fähigkeit des Emittenten, seine Schulden zurückzuzahlen, abgenommen hat.

Ein Downgrade führt oft zu höheren Zinsen für die betroffenen Anleihen, da Investoren für das höhere Risiko, das mit einer schlechteren Bonität verbunden ist, entschädigt werden wollen.

Die Märkte reagieren oftmals negativ auf ein Downgrade, was zu einem Rückgang des Anleihepreises führen kann.

Unternehmen mit herabgestuften Ratings haben oft höhere Kosten für die zukünftige Finanzierung, da sie als riskanter angesehen werden.

Welches Rating ist das Beste?

Das beste bzw. höchste Rating bei Standard & Poor's (S&P) ist AAA. Dieses Rating signalisiert eine sehr hohe Kreditwürdigkeit und die Fähigkeit des Emittenten, seinen finanziellen Verpflichtungen jederzeit nachzukommen.

Rating-Kategorien bei S&P (ohne Zwischenabstufungen):

AAA: Höchste Kreditwürdigkeit. Sehr geringes Ausfallrisiko.

AA: Sehr hohe Kreditwürdigkeit. Geringes Ausfallrisiko.

A: Hohe Kreditwürdigkeit. Bescheidenes Ausfallrisiko.

BBB: Ausreichende Kreditwürdigkeit. Moderates Ausfallrisiko.

BB und darunter: Niedrigere Ratings (BB, B, CCC, CC, C, D) weisen auf ein höheres Ausfallrisiko hin, wobei D (steht für Default) ein Zahlungsausfall ist.

Ratings unter BBB gelten als "High Yield" oder "Junk Bonds", während Ratings von BBB und höher als "Investment Grade" betrachtet werden.

Was ist ein Convertible Bond?

Ein Convertible Bond (= Wandelanleihe) ist ein Finanzinstrument, das die Eigenschaften einer Anleihe und einer Aktie kombiniert. Es handelt sich um eine festverzinsliche Anleihe, die dem Inhaber das Recht gibt, sie zu einem bestimmten Zeitpunkt in Aktien des ausgebenden Unternehmens umzuwandeln (zu konvertieren).

Wie bei klassischen Anleihen zahlt ein Convertible Bond regelmäßig Zinsen an den Inhaber.

Aufgrund der Umwandlungsoption zahlen Convertible Bonds oft niedrigere Kupons im Vergleich zu herkömmlichen Anleihen.

Der Inhaber hat die Möglichkeit, die Anleihe zu einem festgelegten Umwandlungsverhältnis in Aktien des Unternehmens umzuwandeln. Dieses Recht kann zu einem bestimmten Zeitpunkt oder innerhalb eines bestimmten Zeitraums ausgeübt werden.

Wenn der Aktienkurs des Unternehmens steigt, kann der Inhaber durch die Umwandlung in Aktien von der Wertsteigerung profitieren.

Insgesamt bieten Convertible Bonds eine Kombination aus Einkommensgenerierung durch Zinsen und potenziellen Kursgewinnen durch die Umwandlung in Aktien. Sie sind bei Investoren beliebt, die sowohl Sicherheit als auch Wachstumschancen suchen.

Was sagt die Duration aus?

Die Duration ist ein Maß für die Sensitivität eines Anleiheinvestments gegenüber Zinsänderungen und gibt die durchschnittliche Kapitalbindungsdauer an. Sie wird in Jahren angegeben und hat folgende Bedeutungen:

Eine höhere Duration bedeutet, dass die Anleihe empfindlicher auf Zinsänderungen reagiert. Wenn die Zinsen steigen, fallen die Preise von Anleihen mit hoher Duration stärker als bei Anleihen mit niedriger Duration.

Die Duration berücksichtigt nicht nur die Laufzeit bis zur Fälligkeit (Maturity), sondern auch die Höhe und den Zeitpunkt der zukünftigen Kupons. Anleihen mit gleichen Laufzeiten können eine unterschiedliche Duration haben, je nachdem, wie die Kuponzahlungen strukturiert sind.

Zusammengefasst ist die Duration ein wichtiges Instrument zur Risikomessung und Portfolioverwaltung im Anleihemarkt.

Was ist ein Zero-Bond?

Ein Zero-Bond, auch als Nullkuponanleihe bekannt, ist eine Art von Anleihe, die keine regelmäßigen Zinszahlungen (Kupons) leistet. Stattdessen wird sie zu einem Discount (unter dem Nennwert) verkauft und zahlt den vollen Nennwert bei Fälligkeit zurück.

Die Rendite für den Anleger ergibt sich aus der Differenz zwischen dem Kaufpreis und dem Nennwert, den er bei Fälligkeit erhält.

Zum Beispiel könnte ein Zero-Bond mit einem Nennwert von 1.000 Euro für 700 Euro verkauft werden, was dem Anleger über die Laufzeit eine Rendite von 300 Euro bietet.

Achtung: Zero-Bonds sind sehr kursempfindlich gegenüber Zinsänderungen. Ein Anstieg der Zinssätze kann den Marktwert dieser Anleihen stark beeinflussen, da sie keine laufenden Zinsen zahlen.

Kann eine Anleihe auch eine negative Rendite haben?

Ja, eine Anleihe kann eine negative Rendite haben. Dies passiert, wenn der Preis der Anleihe so stark steigt, dass die effektive Rendite, die der Käufer erhält, niedriger ist als der investierte Betrag.

Negative Renditen treten in Zeiten von extrem niedrigen Zinssätzen auf, in denen Investoren in sichere Anlagen flüchten, wie etwa Staatsanleihen. Investoren sind bereit, einen Verlust in Kauf zu nehmen, um ihr Kapital sicher zu parken.

In welchem Zeitraum hatten 10-jährigen Deutsche Bundesanleihen eine negative Rendite?

Die Rendite der 10-jährigen Deutschen Bundesanleihe war über einen längeren Zeitraum negativ, insbesondere während der Niedrigzinsphase in den Jahren 2016 bis 2021.

Die Rendite fiel 2016 unter die Nullmarke, als die Europäische Zentralbank (EZB) ihre Geldpolitik lockerte und negative Zinssätze einführte, um die Wirtschaft anzukurbeln.

Die Rendite der 10-jährigen Bundesanleihe blieb bis etwa August 2021 negativ. In diesem Zeitraum erlebte die Anleihe mehrere Phasen negativer Renditen, wobei die tiefsten Werte im Jahr 2020 (Corona-Krise) erreicht wurden, als die Pandemie die Märkte stark beeinflusste.

Ab Ende 2021 begannen die Renditen zu steigen, als sich die wirtschaftlichen Bedingungen verbesserten und die Inflation anstieg.

Wie hoch ist die historische Ausfallswahrscheinlichkeit bei einer Anleihe mit „B"-Rating auf Sicht von 5 Jahren?

Die historische Ausfallswahrscheinlichkeit für Anleihen mit einem „B"-Rating kann variieren, je nach den spezifischen Marktbedingungen. Im Allgemeinen liegt die 5-Jahres-Ausfallswahrscheinlichkeit für Anleihen mit „B"-Rating jedoch typischerweise zwischen 15% und 20%.

Kreditrating-Agenturen wie Moody's, Standard & Poor's (S&P) und Fitch liefern solche Ausfallswahrscheinlichkeiten aufgrund von historischen Auswertungen.

Es ist wichtig zu beachten, dass diese Wahrscheinlichkeiten nur historische Durchschnittswerte sind und von verschiedenen Faktoren, wie der wirtschaftlichen Gesamtlage, der Branche und der finanziellen Gesundheit des Unternehmens, beeinflusst werden können. Anleger sollten daher auch aktuelle Analysen und Berichte in Betracht ziehen, um ein umfassendes Bild der Risiken zu erhalten.

Was sind die Hauptmerkmale von „Strukturierten Produkten"?

Strukturierte Produkte sind komplexe Finanzinstrumente, die aus einer Kombination von traditionellen Wertpapieren und derivativen Komponenten bestehen. Sie bieten Anlegern die Möglichkeit, in spezifische Marktsegmente oder Anlagethemen zu investieren und gleichzeitig individuelle Rendite- und Risikoprofile zu gestalten.

Oftmals kommt es zu einer Kombination von Wertpapieren: Sie setzen sich oft aus Anleihen und Derivaten (z. B. Optionen) zusammen, um eine maßgeschneiderte Rendite zu erzielen.

Anleger können das Risiko steuern, indem sie unterschiedliche Strukturierungsoptionen wählen, die an die eigene Risikobereitschaft angepasst sind.

Strukturierte Produkte können an die Entwicklung spezifischer Basiswerte (z. B. Aktien, Rohstoffe, Indizes) gekoppelt sein.

Aufgrund ihrer Struktur und der verwendeten Derivate sind sie oft schwer zu verstehen und erfordern fundierte Kenntnisse, um die Risiken und Chancen richtig zu bewerten.

Was ist der OTC-Handel?

Der OTC-Handel (Over-the-Counter-Handel) bezeichnet den Handel mit Finanzinstrumenten, der direkt zwischen zwei Parteien stattfindet, ohne die Einbindung einer Börse.

Im Gegensatz zum Börsenhandel, wo Käufer und Verkäufer über eine zentrale Plattform miteinander interagieren, erfolgt der OTC-Handel oft über Telefon oder elektronische Netzwerke.

Der OTC-Handel findet in einer Vielzahl von Finanzinstrumenten statt, darunter Aktien, Anleihen, Derivate und Rohstoffe. Insbesondere weniger liquide oder exotische Finanzinstrumente werden häufig OTC gehandelt.

OTC-Märkte unterliegen in der Regel weniger strengen Vorschriften als regulierte Börsen. Dies kann sowohl Vorteile (z. B. Flexibilität) als auch Nachteile (z. B. höheres Risiko) mit sich bringen.

Da es keine zentrale Clearingstelle gibt, sind die Risiken höher, insbesondere das Gegenparteirisiko, bei dem eine der Parteien ihren Verpflichtungen nicht nachkommt.

Was ist ein Green-Bond?

Ein Green Bond (grüne Anleihe) ist eine meist festverzinsliche Anleihe, deren Erlöse speziell zur Finanzierung von umweltfreundlichen Projekten oder Initiativen verwendet werden.

Die Erlöse aus Green Bonds werden ausschließlich für Projekte verwendet, die positive Umweltauswirkungen haben, wie erneuerbare Energien, Energieeffizienz, nachhaltige Wasserversorgung, Abfallmanagement und umweltfreundliche Infrastruktur.

Viele Green Bonds sind durch externe Organisationen zertifiziert, um sicherzustellen, dass die Mittel tatsächlich für nachhaltige Projekte verwendet werden. Es gibt Standards wie die Green Bond Principles, die Leitlinien für die Emission und den Einsatz von Green Bonds bieten.

Der Markt für Green Bonds hat in den letzten Jahren stark zugenommen, da Investoren zunehmend auf nachhaltige Anlagen setzen.

Insgesamt sind Green Bonds eine attraktive Option für Anleger, die finanzielle Renditen mit positiven sozialen und ökologischen Auswirkungen verbinden möchten.

Was ist ein MBS und ein CMBS?

MBS (Mortgage-Backed Securities) und CMBS (Commercial Mortgage-Backed Securities) sind beide Arten von Wertpapieren, die durch Hypotheken besichert sind, jedoch unterschiedliche Arten von Hypotheken und damit verbundene Risiken umfassen.

MBS (Mortgage-Backed Securities) sind Anleihen, die durch eine Bündelung von vielen Wohnhypotheken (z. B. Hypotheken für Einfamilienhäuser) besichert sind. Die Rückflüsse aus den Hypotheken werden verwendet, um die Zins- und Rückzahlungen an die MBS-Investoren zu leisten.

CMBS (Commercial Mortgage-Backed Securities) sind Anleihen, die durch gewerbliche Hypotheken (z. B. Hypotheken auf Bürogebäude, Einkaufszentren, Hotels) besichert sind. Diese Hypotheken werden gebündelt und als Wertpapiere verkauft.

CMBS können spezifische Risiken beinhalten, die mit dem gewerblichen Immobilienmarkt verbunden sind, wie z. B. Mietausfälle, Leerstände und wirtschaftliche Bedingungen, die gewerbliche Immobilien beeinflussen.

Was sind T-Bills?

T-Bills (Treasury Bills) sind kurzfristige Staatsanleihen, die von der US-Regierung ausgegeben werden, um einen kurzfristigen Finanzierungsbedarf zu decken.

T-Bills haben typischerweise Laufzeiten von 4, 8, 13, 26 oder 52 Wochen. Sie zählen zu den kürzesten unter den von der US-Regierung emittierten Wertpapieren.

T-Bills zahlen keine Kupons. Stattdessen werden sie zu einem Preis unter dem Nennwert verkauft (Zero Bond) und der Anleger erhält den vollen Nennwert bei Fälligkeit. Die Differenz zwischen dem Kaufpreis und dem Nennwert stellt die Rendite dar.

Da T-Bills von der US-Regierung garantiert sind, gelten T-Bills als sehr sichere Anlagen mit einem sehr geringen Ausfallrisiko. Sie sind eine beliebte Wahl für konservative Anleger und institutionelle Investoren.

T-Bills sind sehr liquide und können leicht auf dem Sekundärmarkt gehandelt werden.

Was sind Inflation-Linked-Bonds?

Inflation-Linked Bonds (auch als inflationsgebundene Anleihen bezeichnet) bieten einen Schutz gegen Inflation, da die Zinsen und der Nennwert regelmäßig an einen Inflationsindex (wie den Verbraucherpreisindex) angepasst werden. Wenn die Inflation steigt, erhöhen sich die Zahlungen an die Anleger.

Ein Beispiel für Inflation-Linked Bonds sind die Treasury Inflation-Protected Securities (TIPS), die von der US-Regierung ausgegeben werden. Ähnliche Instrumente gibt es auch in anderen Ländern, wie Deutschland, Italien, Spanien oder Frankreich.

Was ist der Spread einer Anleihe?

Der Spread einer Anleihe bezeichnet die Differenz zwischen der Rendite dieser Anleihe und der Rendite einer risikofreien Benchmark-Anleihe, häufig einer Staatsanleihe.

Der Spread spiegelt das Risiko wider, das mit der spezifischen Anleihe verbunden ist. Eine höhere Differenz deutet darauf hin, dass das Marktumfeld die Anleihe als riskanter einstuft, während ein geringerer Spread auf ein geringeres Risiko hinweist.

Der Spread wird in Basispunkten angegeben, wobei ein Basispunkt 0,01% entspricht. Zum Beispiel, wenn eine Unternehmensanleihe eine Rendite von 5% und die risikofreie Staatsanleihe 2% hat, beträgt der Spread 300 Basispunkte (5% - 2% = 3%).

Der Spread kann sich je nach Marktumfeld ändern. In wirtschaftlich unsicheren Zeiten oder bei erhöhtem Kreditrisiko können die Spreads steigen, während sie in stabilen Märkten sinken können.

Investoren nutzen den Spread, um verschiedene Anleihen zu vergleichen.

Indizes

Wie viele Aktien sind im Nasdaq Index enthalten?

Der Nasdaq Index umfasst mehr als 3.000 Aktien. Der bekannteste Index, der diese Aktien abbildet, ist der Nasdaq Composite Index, der eine breite Palette von Technologie- und Wachstumsunternehmen umfasst.

Der Nasdaq Composite umfasst alle an der Nasdaq-Börse gelisteten Aktien, einschließlich großer Unternehmen wie Apple, Amazon und Microsoft, sowie kleinerer und mittlerer Unternehmen.

Neben dem Nasdaq Composite gibt es auch andere Indizes wie den Nasdaq-100, der die 100 größten nicht-finanziellen Unternehmen im Nasdaq Index umfasst. Dieser enthält etwa 100 Aktien und konzentriert sich stark auf Technologiefirmen.

Wie groß war der Verlust beim DAX während der Finanzkrise?

Während der Finanzkrise von 2007 bis 2009 erlebte der DAX (Deutscher Aktienindex) einen erheblichen Rückgang.

Höchststand: Der DAX erreichte seinen Höchststand vor der Krise am 6. Juli 2007, als er bei etwa 8.150 Punkten lag.

Im Zuge der Krise fiel der DAX dramatisch. Der tiefste Stand wurde am 6. März 2009 erreicht, als der Index auf etwa 3.600 Punkte fiel.

Der Verlust des DAX betrug somit in der Spitze rund 56% vom Höchststand bis zum Tiefpunkt.

Was ist der VIX-Index?

Der VIX-Index, auch bekannt als der Volatilitätsindex oder "Angstindex", misst die erwartete Volatilität der S&P 500-Indexoptionen über einen Zeitraum von 30 Tagen.

Der VIX gibt an, wie stark die Marktteilnehmer in den kommenden 30 Tagen mit Schwankungen des S&P 500 rechnen. Ein höherer VIX-Index deutet auf eine höhere erwartete Volatilität hin, was oft mit Unsicherheit oder Angst an den Märkten verbunden ist.

Der VIX wird in Punkten angegeben. Ein Wert von 20 bedeutet beispielsweise, dass die erwartete Volatilität bei 20% pro Jahr liegt. Historisch lag der VIX in ruhigen Marktphasen oft unter 20, während er in turbulenten Zeiten stark ansteigen kann.

Der VIX selbst kann nicht direkt gehandelt werden, aber es gibt verschiedene Finanzinstrumente, wie Futures und Optionen, die auf dem VIX basieren. Diese ermöglichen es Anlegern, von der erwarteten Volatilität zu profitieren oder sich abzusichern.

Was waren die Höchststände beim VIX während der Finanzkrise 2008 und während der Corona-Pandemie?

Während der Finanzkrise 2008 und der Corona-Pandemie erreichte der VIX-Index außergewöhnlich hohe Werte.

Der VIX erreichte während der Finanzkrise am 20. November 2008 einen Höchststand von etwa 89,53 Punkten. Dieser Anstieg war eine Reaktion auf die extreme Unsicherheit und Volatilität, die durch den Zusammenbruch von Lehman Brothers und die anschließende globale Finanzkrise ausgelöst wurden.

Während der Corona-Pandemie stieg der VIX am 16. März 2020 auf etwa 82,69 Punkte. Der dramatische Anstieg war das

Ergebnis der globalen Unsicherheit über die wirtschaftlichen Auswirkungen der Pandemie, die zu massiven Marktverkäufen und einer hohen Volatilität führte.

Welche Aktien waren bei Erstnotiz im Dow Jones?

Bei der Erstnotiz des Dow Jones Industrial Average (DJIA) im Jahr 1896 waren insgesamt 12 Aktien enthalten.

American Cotton Oil Company

American Sugar Refining Company

Chicago Gas Company

Distilling and Cattle Feeding Company

General Electric

Lake Shore and Michigan Southern Railway

National Lead Company

North American Company

Pacific Mail Steamship Company

Tennessee Coal, Iron and Railroad Company

U.S. Leather Company (Class B)

United States Rubber Company

Was ist der Unterschied zwischen „A", „B" und „H"-Aktien in China?

In China gibt es verschiedene Aktienkategorien, darunter A-Aktien, B-Aktien und H-Aktien. Der Hauptunterschied zwischen A- und H-Aktien liegt in der Börsenplatzierung, der Währung und der Zugänglichkeit für Investoren.

A-Aktien sind Aktien, die an den inländischen Börsen von Shanghai und Shenzhen notiert sind. Diese Aktien werden in Renminbi (RMB) gehandelt.

Ursprünglich waren sie hauptsächlich für chinesische Staatsbürger und institutionelle Anleger zugänglich, mittlerweile dürfen auch ausländische Investoren über spezielle Programme wie QFII (Qualified Foreign Institutional Investor) investieren.

B-Aktien sind ebenfalls an den inländischen Börsen (Shanghai und Shenzhen) notiert, jedoch in ausländischer Währung. In Shanghai werden sie in US-Dollar und in Shenzhen in Hongkong-Dollar gehandelt.

H-Aktien sind Aktien von chinesischen Unternehmen, die an der Hong Kong Stock Exchange notiert sind. Sie werden in Hongkong-Dollar (HKD) gehandelt.

H-Aktien sind für internationale Investoren zugänglich, was ihnen eine breitere Anlegerbasis bietet.

Wann kommt es beim S&P 500 zu einer automatischen Handelsunterbrechung?

Beim S&P 500 gibt es festgelegte Regeln für automatische Handelsunterbrechungen, die als „Circuit Breakers" bezeichnet werden. Diese Maßnahmen sollen extreme

Marktschwankungen eindämmen und die Marktstabilität fördern.

Es gibt drei Hauptstufen für Handelsunterbrechungen, die auf dem prozentualen Rückgang des S&P 500 im Vergleich zum Schlusskurs des vorhergehenden Handelstags basieren:

1. Stufe: Bei einem Rückgang von 7% des Index wird der Handel für 15 Minuten unterbrochen, es sei denn, die Handelsunterbrechung erfolgt nach 15:25 Uhr.

2. Stufe: Bei einem Rückgang von 13% wird der Handel ebenfalls für 15 Minuten ausgesetzt, es sei denn, es ist nach 15:25 Uhr.

3. Stufe: Bei einem Rückgang von 20% wird der Handel für den Rest des Handelstags ausgesetzt.

Diese Regeln sind darauf ausgelegt, Panikverkäufe zu verhindern und den Marktteilnehmern die Möglichkeit zu geben, Informationen zu verarbeiten und fundierte Entscheidungen zu treffen.

Welche Aktien sind im Russell 2000 enthalten?

Der Russell 2000 Index enthält 2.000 kleinere US-Unternehmen und repräsentiert die Small-Cap-Aktien in den USA. Es gibt keine festgelegte Liste von Aktien, da der Index jährlich neu zusammengestellt wird. Typische Unternehmen, die im Russell 2000 enthalten sind, sind kleinere Technologiefirmen, Biotechnologieunternehmen und Firmen aus der Industrie- oder Gesundheitsbranche.

Was ist der IFO-Index?

Der IFO-Index ist ein wichtiger Wirtschaftsindikator in Deutschland, der die Geschäftserwartungen und die aktuelle Lage von Unternehmen misst.

Der Index wird vom IFO Institut für Wirtschaftsforschung in München erstellt und monatlich veröffentlicht. Er basiert auf Umfragen unter etwa 9.000 Unternehmen aus den Bereichen Industrie, Handel, Bau und Dienstleistungen. Die Befragungen erfassen die Einschätzung der Unternehmen zur aktuellen Geschäftslage sowie ihre Erwartungen für die nächsten sechs Monate.

Komponenten: Der IFO-Index besteht aus zwei Hauptkomponenten:

IFO-Geschäftsklimaindex: Dieser kombiniert die Bewertungen der aktuellen Lage und der Geschäftserwartungen der Befragten.

IFO-Lageindex und IFO Erwartungsindex: Diese Indizes messen separat die gegenwärtige Geschäftslage und die zukünftigen Erwartungen.

Der IFO-Index gilt als Frühindikator für die wirtschaftliche Entwicklung in Deutschland. Ein ansteigender Index weist auf optimistische Geschäftserwartungen hin, während ein fallender Index auf eine mögliche wirtschaftliche Abkühlung hindeuten kann.

Was ist der PMI-Index?

Der PMI-Index (Purchasing Managers Index) ist ein bedeutender Wirtschaftsindikator, der die wirtschaftliche Gesundheit eines Landes oder einer Region misst, insbesondere im Fertigungs- und Dienstleistungssektor.

Der PMI-Index basiert auf Umfragen unter Einkaufsmanagern von Unternehmen und bewertet deren Einschätzungen zur aktuellen Geschäftslage sowie zu zukünftigen Erwartungen.

Der Index wird aus verschiedenen Komponenten berechnet, darunter Produktionsniveau, Aufträge, Beschäftigung, Lieferzeiten und Lagerbestände. Ein Wert über 50 deutet auf Expansion hin, während ein Wert unter 50 auf eine Kontraktion hinweist.

Es gibt verschiedene Arten von PMI, wie:

Fertigungs-PMI: Misst die wirtschaftliche Aktivität im verarbeitenden Gewerbe.

Dienstleistungs-PMI: Bewertet den Dienstleistungssektor.

Composite-PMI: Eine Kombination aus Fertigungs- und Dienstleistungs-PMI.

Der PMI-Index wird oft als Frühindikator für das Wirtschaftswachstum angesehen, da er schnelle Einblicke in die Produktions- und Beschäftigungslage liefert.

Was ist der ZEW-Index?

Der ZEW-Index (Zentrum für Europäische Wirtschaftsforschung) ist ein wichtiger Wirtschaftsindikator, der die Erwartungen der Finanzanalysten und institutionellen Investoren zur zukünftigen wirtschaftlichen Entwicklung in Deutschland und der Eurozone misst.

Der Index wird vom Zentrum für Europäische Wirtschaftsforschung (ZEW) in Mannheim erstellt und monatlich veröffentlicht.

Der ZEW-Index basiert auf Umfragen unter etwa 350 Finanzmarktexperten, die nach ihren Erwartungen zur wirtschaftlichen Entwicklung und zur künftigen Entwicklung des DAX befragt werden.

Der Index besteht aus zwei Hauptkomponenten:

ZEW-Klimaindex: Dieser misst die Einschätzungen zur aktuellen wirtschaftlichen Lage sowie die Erwartungen für die nächsten sechs Monate.

ZEW-Lageindex: Dieser erfasst die gegenwärtige wirtschaftliche Situation.

Ein Anstieg des ZEW-Index deutet auf optimistische Erwartungen hin, während ein Rückgang auf Pessimismus schließen lässt. Er gilt als Frühindikator für die wirtschaftliche Entwicklung und kann auf Veränderungen im Markt- und Investitionsverhalten hinweisen.

Rohstoffe

Wofür ist Cushing in Oklahoma bekannt?

Cushing, Oklahoma, ist bekannt als ein bedeutendes Zentrum für die Lagerung und den Handel mit Rohöl. Die Stadt ist ein Knotenpunkt für verschiedene Pipelines, die Rohöl aus den wichtigsten Förderregionen der USA transportieren, darunter Texas und Norddakota.

Cushing ist als „Oil Capital of the World" bekannt und spielt eine zentrale Rolle im globalen Ölhandel. Die Stadt beherbergt große Öltanks und Pipelines, die für die Speicherung und den Transport von Rohöl entscheidend sind.

Cushing hat umfangreiche Lagerkapazitäten, die es ermöglichen, große Mengen Rohöl zu speichern. Diese Infrastruktur ist entscheidend für die Stabilität der Ölversorgung und die Preissetzung auf den Märkten.

Der Preis von Rohöl wird häufig auf den Cushing-Standort bezogen, insbesondere der West Texas Intermediate (WTI)-Ölpreis. Cushing dient als Referenzpunkt für die Preisbildung und die Handelsaktivitäten.

Wie viele Liter Öl sind 1 Barrel?

Ein Barrel (Bbl) Öl entspricht etwa 159 Liter. Diese Einheit wird häufig in der Ölindustrie verwendet, um Mengen von Rohöl oder anderen Flüssigkeiten zu messen. Die Verwendung von Barrel als Maßeinheit hat historische Wurzeln und ist in den meisten Ländern, die Öl produzieren oder konsumieren, standardisiert.

Wofür steht WTI?

WTI steht für West Texas Intermediate, eine der Hauptsorten von Rohöl, die in den USA produziert wird.

WTI ist bekannt für seine hohe Qualität und geringen Schwefelgehalt, was es als „süßes" Rohöl klassifiziert. Dieser niedrige Schwefelgehalt macht es für die Raffinerien leichter zu verarbeiten.

WTI dient als eine der wichtigsten Referenzen für Rohölpreise weltweit, insbesondere in Nordamerika. Der Preis für WTI wird oft als Maßstab für die Preisgestaltung anderer Rohölsorten verwendet.

WTI wird an der New York Mercantile Exchange (NYMEX) gehandelt und ist eine der am häufigsten gehandelten Rohölarten.

WTI wird oft mit anderen Rohölarten verglichen, wie Brent, das in der Nordsee produziert wird. Die Preisdifferenz zwischen diesen beiden Rohölsorten kann aufgrund von Angebot, Nachfrage und geopolitischen Faktoren schwanken.

Was bedeutet Up-Stream, Mid-Stream und Down-Stream?

Upstream, Midstream und Downstream beziehen sich auf verschiedene Phasen der Öl- und Gasindustrie.

Upstream: Dies ist die erste Phase und umfasst die Erkundung, Förderung und Produktion von Rohöl und Erdgas. Dazu gehört das Bohren von Bohrlöchern und die Entdeckung neuer Lagerstätten.

Midstream: Diese Phase konzentriert sich auf den Transport, die Lagerung und die Verarbeitung von Rohstoffen. Sie umfasst Pipelines, Schiffe und Speicheranlagen, die das Öl und Gas vom Förderort zu den Raffinerien oder Endnutzern transportieren.

Downstream: In dieser letzten Phase werden die Rohstoffe verarbeitet und veredelt, etwa in Raffinerien. Hier entstehen Endprodukte wie Benzin, Diesel, Chemikalien und Kunststoffe.

Was bedeutet Backwardation und Contango?

Backwardation und Contango beschreiben die Preiskonstellation an den Rohstoff-Terminmärkten.

Backwardation: Hierbei ist der Preis eines Terminkontrakts niedriger als der aktuelle Kassapreis des Basiswerts (Spot-Preis). Das bedeutet, dass zukünftige Lieferungen günstiger sind als der aktuelle Preis. Dies kann vorkommen, wenn kurzfristig hohe Nachfrage oder geringe Verfügbarkeit besteht.

Contango: In diesem Fall ist der Preis eines Terminkontrakts höher als der aktuelle Kassapreis. Dies tritt auf, wenn die Kosten für Lagerung oder Zinsen die Preise für die zukünftige Lieferung in die Höhe treiben. Es signalisiert oft ein Überangebot oder schwache Nachfrage.

Nenne die Mitgliedsländer der OPEC

Algerien, Äquatorial-Guinea, Gabun, Irak, Iran, Kongo, Kuwait, Libyen, Nigeria, Saudi-Arabien, Venezuela und die Vereinigten Arabischen Emirate.

Die OPEC+ beinhaltet zusätzlich 10 Kooperationspartner:

Mexiko, Sudan, Südsudan, Bahrain, Oman, Russland, Kasachstan, Aserbaidschan, Malaysia und Brunei.

Wann war die erste und zweite Ölkrise?

Die erste und zweite Ölkrise hatten bedeutende Auswirkungen auf die globale Wirtschaft.

1. Erste Ölkrise (1973)

Die erste Ölkrise begann im Oktober 1973 und dauerte bis 1974.

Der Auslöser war die Ölpreiskrise, die durch den Yom-Kippur-Krieg zwischen Israel und einer Koalition arabischer Staaten verursacht wurde. Die OPEC (Organisation erdölexportierender Länder) verhängte ein Ölembargo gegen

Länder, die Israel unterstützten, einschließlich der USA und westlicher Staaten.

Die Ölpreise stiegen dramatisch, und viele Länder erlebten wirtschaftliche Stagnation und Inflation, was als „Stagflation" bekannt wurde. Der Anstieg der Ölpreise führte zu höheren Produktionskosten und einem Rückgang des Wirtschaftswachstums.

2. Zweite Ölkrise (1979)

Die zweite Ölkrise begann 1979 und dauerte bis in die frühen 1980er Jahre.

Diese Krise wurde durch die Iranische Revolution ausgelöst, die zur Destabilisierung der iranischen Ölproduktion führte. Der Iran, ein großer Ölexporteur, reduzierte die Ölförderung erheblich.

Die Ölpreise stiegen erneut stark an, was zu einem weiteren Anstieg der Inflation und einer Verlangsamung des Wirtschaftswachstums in vielen Industrieländern führte. Die Krise führte zu einer verstärkten Suche nach alternativen Energiequellen und Energiesparmaßnahmen.

Was sind der Philharmoniker, der Maple Leaf und Golden Eagle?

Der Philharmoniker, der Maple Leaf und der Golden Eagle sind allesamt beliebte Goldmünzen, die von verschiedenen Ländern geprägt werden.

Philharmoniker

Der Wiener Philharmoniker wird in Österreich geprägt.

Goldgehalt: Er enthält 1 Unze (31,1 Gramm) reines Gold mit einer Reinheit von 99,99%.

Design: Auf der Vorderseite ist die Orgel des Wiener Musikvereins abgebildet, während die Rückseite verschiedene Musikinstrumente zeigt, die mit dem berühmten Orchester verbunden sind. Der Philharmoniker ist eine der meistverkauften Goldmünzen in Europa und weltweit.

Maple Leaf

Der Canadian Maple Leaf wird von der Royal Canadian Mint in Kanada geprägt.

Goldgehalt: Er enthält ebenfalls 1 Unze Gold mit einer Reinheit von 99,99%.

Design: Die Münze zeigt ein Abbild des kanadischen Ahornblatts auf der Vorderseite und das Bild von Königin Elizabeth II. auf der Rückseite.

Der Maple Leaf war die erste Münze, die in einer Reinheit von 99,99% geprägt wurde und ist sehr geschätzt bei Sammlern und Investoren.

Golden Eagle

Der American Gold Eagle wird von der United States Mint in den USA geprägt.

Goldgehalt: Der American Gold Eagle wird in verschiedenen Größen ausgegeben, die größte Version enthält 1 Unze Gold, wobei die Reinheit bei 91,67% (22 Karat) liegt.

Design: Auf der Vorderseite ist eine Frau, die die Freiheit symbolisiert, abgebildet, und die Rückseite zeigt einen majestätischen Adler. Diese Münze ist aufgrund ihrer hohen Nachfrage und der Unterstützung durch die US-Regierung weit verbreitet.

Besteht der Krügerrand zu 100% aus Gold?

Der Krügerrand ist eine bekannte Goldmünze aus Südafrika, die jedoch nicht zu 100% aus Gold besteht.

Um die Münze widerstandsfähiger und langlebiger zu machen, besteht der Krügerrand aus einer Legierung, die aus 91,67% Gold (22 Karat) und 8,33% Kupfer besteht. Das Kupfer verleiht der Münze zusätzliche Festigkeit und verringert die Kratzempfindlichkeit.

Der Krügerrand wurde erstmals 1967 geprägt und ist seitdem eine beliebte Anlageform für Goldinvestoren.

Auf der einen Seite zeigt der Krügerrand das Portrait von Paul Kruger, dem ehemaligen Präsidenten der Südafrikanischen Republik, und auf der anderen Seite das Bild eines Springbocks, eines der nationalen Symbole Südafrikas.

Wie schwer ist ein Gold-Industrie-Barren?

Ein Gold-Industrie-Barren, hat in der Regel ein Standardgewicht von 400 Unzen oder etwa 12,4 Kilogramm. Diese Größe wird oft von Zentralbanken und großen institutionellen Investoren verwendet und ist der Standard für den internationalen Handel.

Goldbarren haben normalerweise eine hohe Reinheit von 99,5% bis 99,99% (24 Karat). Die genaue Reinheit kann je nach Hersteller variieren.

Neben dem Standardbarren von 400 Unzen gibt es auch kleinere Goldbarren, die in verschiedenen Größen erhältlich sind, darunter 1 Unze, 10 Unzen und 100 Unzen. Diese kleineren Barren sind oft bei Privatanlegern beliebter.

Jeder Goldbarren ist in der Regel mit dem Gewicht, der Reinheit, der Herstellermarke und einer Seriennummer gekennzeichnet, um Authentizität und Rückverfolgbarkeit zu gewährleisten.

Wie schwer ist eine Unze Gold?

Eine Unze Gold wiegt 31,1035 Gramm. Dies ist das Gewicht der sogenannten Troy-Unze, die international im Edelmetallhandel verwendet wird.

Was ist das Gold des kleinen Mannes?

Das "Gold des kleinen Mannes" bezieht sich oft auf Silber. Diese Bezeichnung entsteht durch die günstigeren Preise im Vergleich zu Gold, wodurch Silber für durchschnittliche Investoren zugänglicher ist.

Welches Industriemetall hat einen „Doktortitel" und wird oft zur Konjunkturprognose verwendet?

Das Industriemetall, das oft als „Dr. Copper" bezeichnet wird, ist Kupfer. Der Spitzname "Dr. Copper" leitet sich davon ab, dass Kupfer in der Lage ist, die Gesundheit der Wirtschaft widerzuspiegeln.

Kupfer wird oft als Indikator für die wirtschaftliche Aktivität betrachtet, da es in einer Vielzahl von Industrien, einschließlich Bauwesen, Elektronik und Automobilbau, weit verbreitet ist. Eine steigende Nachfrage nach Kupfer kann auf eine wachsende Wirtschaft hindeuten.

Anleger und Wirtschaftsexperten beobachten die Preisbewegungen von Kupfer, um Prognosen über die zukünftige wirtschaftliche Entwicklung abzugeben.

Fonds und ETFs

Was ist der NAV bei einem Fonds oder ETF?

Der Net Asset Value (NAV) ist der Nettoinventarwert eines Fonds oder ETFs und gibt den Gesamtwert der Vermögenswerte eines Fonds abzüglich seiner Verbindlichkeiten an. Der NAV wird typischerweise pro Anteil berechnet und spiegelt den Preis wider, zu dem Anleger Anteile kaufen oder verkaufen können.

Was sind die Hauptmerkmale eines „Value-Fonds"?

Value-Fonds sind Investmentfonds, die sich auf den Kauf von Aktien konzentrieren, die als unterbewertet gelten.

Value-Fonds investieren in Aktien von Unternehmen, deren Marktpreis unter ihrem inneren Wert liegt. Dies geschieht häufig durch eine Analyse von Finanzkennzahlen wie dem Kurs-Gewinn-Verhältnis (KGV) oder dem Kurs-Buchwert-Verhältnis (KBV).

Value-Investoren verfolgen in der Regel eine langfristige Strategie und halten an ihren Investments fest, bis der Markt die Werte anerkennt und die Aktienpreise steigen.

Value-Fonds nutzen fundamentale Analysen, um den wahren Wert eines Unternehmens zu ermitteln. Dazu gehört die Bewertung von Erträgen, Cashflows und Vermögenswerten.

Value Fonds neigen dazu, in stabilere, weniger volatile Unternehmen zu investieren, die eine Geschichte solider finanzieller Leistung aufweisen. Diese Fonds bevorzugen Unternehmen, die regelmäßig Dividenden ausschütten, da dies einen zusätzlichen Einkommensstrom bietet und die Stabilität des Unternehmens zeigt.

Was sind die Hauptmerkmale eines „Growth-Fonds"?

Growth-Fonds sind Investmentfonds, die sich auf den Kauf von Aktien von Unternehmen konzentrieren, die voraussichtlich überdurchschnittliches Wachstum erzielen werden.

Growth-Fonds investieren in Unternehmen, die hohe Wachstumsraten bei Umsatz und Gewinn aufweisen oder erwarten. Dies können Technologieunternehmen, Biotech-Firmen oder andere Sektoren mit hohem Wachstumspotenzial sein.

Diese Fonds sind oft bereit, hohe Bewertungen zu akzeptieren, basierend auf zukünftigen Wachstumsprognosen, was zu einem höheren Kurs-Gewinn-Verhältnis (KGV) führen kann.

Unternehmen, in die Growth-Fonds investieren, schütten häufig keine oder nur geringe Dividenden aus. Stattdessen reinvestieren sie ihre Gewinne, um weiteres Wachstum zu finanzieren.

Diese Fonds haben tendenziell ein höheres Risiko und eine höhere Volatilität, da sie stark von Marktbedingungen und technologischen Veränderungen abhängen.

Was sind „Management Fees" bei Investmentfonds?

Management Fees sind Gebühren, die von Investmentfonds erhoben werden, um die laufenden Verwaltungskosten des Fonds zu decken. Diese Gebühren werden in der Regel als Prozentsatz des verwalteten Vermögens berechnet und können je nach Fonds und Anbieter variieren.

Management Fees werden normalerweise als jährlicher Prozentsatz des durchschnittlichen verwalteten Vermögens angegeben. Häufig liegen sie zwischen 0,5% und 2%.

Management Fees sind ein wesentlicher Bestandteil der Gesamtkosten eines Investments in einen Fonds und sollten von Anlegern bei der Auswahl eines Fonds berücksichtigt werden, um sicherzustellen, dass die Gebühren im Verhältnis zu den erwarteten Leistungen stehen.

Was sind „TER" bei Investmentfonds?

TER steht für "Total Expense Ratio" und ist ein wichtiger Begriff im Kontext von Investmentfonds. Sie gibt an, wie hoch die Gesamtkosten eines Fonds im Verhältnis zum verwalteten Vermögen sind.

Die TER umfasst alle laufenden Kosten, die dem Fonds anfallen, einschließlich Management Fees, Verwaltungsgebühren, Depotgebühren und sonstige Kosten.

Die TER wird in der Regel als jährlicher Prozentsatz des durchschnittlichen Fondsvermögens angegeben. Dies ermöglicht Anlegern, die Kosten verschiedener Fonds leicht zu vergleichen.

Es ist wichtig zu beachten, dass die TER normalerweise keine Transaktionskosten, wie z.B. Handelsgebühren, beinhaltet, die beim Kauf oder Verkauf von Wertpapieren innerhalb des Fonds anfallen.

Eine höhere TER kann die Rendite eines Investments im Laufe der Zeit erheblich beeinträchtigen, weshalb Anleger die TER bei der Auswahl eines Fonds sorgfältig berücksichtigen sollten.

Insgesamt ist die TER ein nützliches Maß, um die Kosten von Investmentfonds zu bewerten und die Effektivität des Fondsmanagements zu beurteilen.

Was bedeutet „Cost Average Effect"?

Der "Cost Average Effect" (auch bekannt als "Dollar-Cost Averaging") ist eine Investmentstrategie, bei der Anleger regelmäßig einen festen Geldbetrag in ein bestimmtes Wertpapier oder einen Fonds investieren, unabhängig von dessen Preis.

Anleger investieren in festgelegten Intervallen (z. B. monatlich) einen konstanten Betrag, was dazu führt, dass sie bei hohen Preisen weniger Anteile kaufen und bei niedrigen Preisen mehr Anteile erwerben.

Durch diese Methode wird der durchschnittliche Kaufpreis der Anteile über die Zeit hinweg geglättet. Dies kann das Risiko verringern, dass Anleger zu einem ungünstigen Zeitpunkt investieren.

Der Cost Average Effect nutzt die Volatilität der Märkte, um die Gesamtinvestition zu optimieren, indem er die Auswirkungen von Preisschwankungen verringert.

Diese Strategie eignet sich besonders für langfristige Investitionen, da sie Disziplin fördert und Anleger sind weniger anfällig für emotionale Entscheidungen, da sie sich auf einen festgelegten Investitionsplan konzentrieren, anstatt zu versuchen, den Markt zu timen.

Insgesamt kann der Cost Average Effect dazu beitragen, die Auswirkungen von Marktvolatilität zu minimieren und das Risiko von Fehlentscheidungen beim Timing von Investitionen zu reduzieren.

Was bedeutet „IMI" bei einem ETF-Namen?

„IMI" steht für "Investable Market Index" und bezieht sich auf eine Reihe von ETFs (Exchange-Traded Funds), die ein breites Spektrum an Aktien abdecken.

Der IMI-Index umfasst sowohl große als auch kleinere Unternehmen, was eine umfassende Abdeckung des gesamten Aktienmarktes innerhalb eines bestimmten Landes oder einer Region ermöglicht. Dies bedeutet, dass der Index nicht nur Blue-Chip-Aktien, sondern auch Mid- und Small-Cap-Aktien einbezieht.

ETFs, die auf einem IMI-Index basieren, bieten Anlegern die Möglichkeit, in eine breite Palette von Aktien zu investieren, wodurch das Risiko durch Diversifizierung verringert wird. Dies ist besonders vorteilhaft für Anleger, die eine ganzheitliche Marktstrategie verfolgen möchten.

Was ist der „Nikkei 225"?

Der Nikkei 225 ist ein wichtiger Aktienindex, der die Performance der 225 größten und am aktivsten gehandelten Unternehmen an der Tokioter Börse in Japan misst.

Der Index umfasst eine Vielzahl von Branchen, darunter Technologie, Automobilindustrie, Finanzdienstleistungen und Konsumgüter. Zu den bekanntesten Unternehmen im Index zählen Toyota, Sony und Honda.

Im Gegensatz zu vielen anderen Indizes, die auf Marktkapitalisierung basieren, ist der Nikkei 225 ein preisgewichteter Index. Das bedeutet, dass Aktien mit höheren Preisen einen größeren Einfluss auf den Index haben.

Der Index wurde erstmals im Jahr 1950 berechnet und ist seitdem ein zentraler Bestandteil der Finanzmärkte in Japan.

Was ist ein REIT?

Ein REIT (Real Estate Investment Trust) ist ein Unternehmen, das in Immobilien investiert und Einkünfte aus diesen Immobilien erzielt. REITs bieten Anlegern die Möglichkeit, in den Immobilienmarkt zu investieren, ohne direkt Immobilien zu besitzen, und sind für ihre hohen Ausschüttungen bekannt

REITs sind Unternehmen, die sich auf den Erwerb, die Verwaltung und den Verkauf von Immobilien spezialisiert haben. Sie generieren Einnahmen durch Mieteinnahmen und den Verkauf von Immobilien.

Es gibt verschiedene Arten von REITs, darunter Eigenkapital-REITs, die direkt in Immobilien investieren, und Hypotheken-REITs, die in Hypotheken und Hypothekendarlehen investieren. Es gibt auch hybride REITs, die beide Ansätze kombinieren.

REITs müssen mindestens 90% ihrer steuerpflichtigen Einkünfte als Dividenden an die Aktionäre ausschütten, um von der Körperschaftssteuer befreit zu werden. Dies führt oft zu höheren Ausschüttungen für die Anleger.

Anleger können in REITs investieren, indem sie Aktien von börsennotierten REITs kaufen, die an der Börse gehandelt werden, oder durch private REITs. REITs bieten eine Möglichkeit, in Immobilien zu investieren, ohne direkt Immobilien zu besitzen.

REITs ermöglichen Anlegern Zugang zu Immobilien-investitionen, Diversifikation und Liquidität. Sie bieten auch eine Möglichkeit, von den Erträgen des Immobilienmarktes zu profitieren, ohne große Kapitalbeträge investieren zu müssen.

Was ist ein SPAC?

Ein SPAC (Special Purpose Acquisition Company) ist ein börsennotiertes Unternehmen, das geschaffen wurde, um Kapital zu sammeln, um später ein anderes Unternehmen zu übernehmen oder mit ihm zu fusionieren.

Ein SPAC wird in der Regel von Investoren oder Unternehmen gegründet, die Erfahrung in einem bestimmten Sektor haben. Es hat kein operatives Geschäft und besteht nur aus Bargeld, das durch den Börsengang (IPO) eingesammelt wurde.

Das Hauptziel eines SPACs besteht darin, ein privates Unternehmen zu identifizieren und es durch eine Fusion in ein börsennotiertes Unternehmen zu überführen. Dies ermöglicht es dem privaten Unternehmen, schneller an die Börse zu gehen als durch den traditionellen IPO-Prozess.

Anleger investieren in den SPAC, ohne zu wissen, welches Unternehmen letztendlich übernommen wird. SPACs müssen innerhalb eines bestimmten Zeitrahmens, normalerweise von 18 bis 24 Monaten, eine Übernahme tätigen. Andernfalls wird das Kapital an die Anleger zurückgegeben.

SPACs bieten Anlegern die Möglichkeit, in vielversprechende private Unternehmen zu investieren. Allerdings gibt es auch Risiken, da die Anleger keine Gewissheit über die Qualität des übernommenen Unternehmens haben.

In den letzten Jahren haben SPACs an Popularität gewonnen, insbesondere im Jahr 2020, als viele Unternehmen diesen Weg wählten, um schneller an die Börse zu gehen.

Was ist ein SPV?

Ein SPV (Special Purpose Vehicle) ist eine rechtlich eigenständige Zweckgesellschaft, die oft von Unternehmen zur Durchführung spezieller Finanzprojekte gegründet wird. Das Hauptziel eines SPV ist es, Vermögenswerte, Risiken oder Verbindlichkeiten isoliert vom Mutterunternehmen zu verwalten, sodass mögliche Verluste oder Risiken nicht auf das Mutterunternehmen übergreifen.

SPVs werden oft in der Projektfinanzierung, für Verbriefungen von Vermögenswerten, oder in der Immobilienentwicklung genutzt. Durch die Struktur eines SPV können Unternehmen Risiken besser steuern, Kapital aufnehmen oder bestimmte Projekte effizienter managen.

Derivate

Was ist der Unterschied zwischen einem Put und einem Call?

Put und Call sind zwei Arten von Optionen, die Anleger nutzen können, um von Preisbewegungen eines Basiswerts zu profitieren.

Eine Call-Option gibt dem Käufer das Recht, aber nicht die Pflicht, einen bestimmten Basiswert zu einem festgelegten Preis (Strike-Preis) innerhalb eines bestimmten Zeitraums zu kaufen. Anleger kaufen Calls, wenn sie erwarten, dass der Preis des Basiswerts steigen wird. Ein steigender Preis erhöht den Wert der Call-Option.

Eine Put-Option gibt dem Käufer das Recht, aber nicht die Pflicht, einen bestimmten Basiswert zu einem festgelegten Preis innerhalb eines bestimmten Zeitraums zu verkaufen. Anleger kaufen Puts, wenn sie erwarten, dass der Preis des Basiswerts fallen wird. Ein sinkender Preis erhöht den Wert der Put-Option.

Was ist ein Strip, was ein Straddle?

Ein Strip und ein Straddle sind beides Optionenstrategien, die von Anlegern zur Absicherung oder Spekulation eingesetzt werden.

Ein Strip besteht aus zwei Put-Optionen und einer Call-Option auf denselben Basiswert, mit dem gleichen Verfallsdatum und Strike-Preis. Diese Strategie wird eingesetzt, wenn Anleger erwarten, dass der Preis des Basiswerts stark fallen könnte, und sie von einer erhöhten Volatilität profitieren möchten.

Ein Straddle umfasst den Kauf einer Call- und einer Put-Option mit demselben Strike-Preis und Verfallsdatum auf den gleichen Basiswert. Anleger verwenden Straddles, wenn sie mit einer hohen Volatilität rechnen, ohne eine klare Richtung für den Preis zu haben. Die Strategie profitiert von starken Preisbewegungen, egal ob nach oben oder unten.

Was ist die „Black-Scholes-Formel" und wofür wird sie verwendet?

Die Black-Scholes-Formel ist ein mathematisches Modell zur Bewertung von europäischen Optionen. Sie wurde 1973 von Fischer Black, Myron Scholes und Robert Merton entwickelt.

Die Formel dient dazu, den theoretischen Preis einer europäischen Kauf- oder Verkaufsoption zu bestimmen, basierend auf verschiedenen Faktoren wie dem aktuellen Aktienkurs, dem Ausübungspreis, der Zeit bis zur Fälligkeit, der Volatilität des Basiswerts und dem risikofreien Zinssatz.

Die Black-Scholes-Formel wird von Händlern und Investoren verwendet, um den fairen Preis von Optionen zu bestimmen, Arbitrage-Möglichkeiten zu erkennen und das Risiko von Optionen zu bewerten.

Was ist die CME für eine Börse?

Die CME Group (Chicago Mercantile Exchange) ist eine der größten Terminbörsen der Welt, die eine breite Palette von Finanz- und Rohstoffderivaten anbietet. Sie wurde 1898 gegründet und hat ihren Hauptsitz in Chicago, Illinois. Die CME bietet den Handel mit Futures und Optionen in verschiedenen Märkten, darunter Landwirtschaft, Energie, Metalle, Währungen und Finanzinstrumente wie Anleihen und Aktienindizes.

Was ist der Bund-Future?

Der Bund-Future ist ein Finanzderivat, das den Handel mit deutschen Staatsanleihen (Bundesanleihen) ermöglicht.

Der Bund-Future ist ein Terminkontrakt, der auf die Preisbewegung von 10-jährigen deutschen Bundesanleihen abzielt. Er wird an der Eurex, einer der größten Derivatebörsen Europas, gehandelt.

Der Bund-Future ermöglicht es Anlegern, auf die zukünftige Entwicklung der Renditen von Bundesanleihen zu spekulieren oder sich gegen Zinsrisiken abzusichern. Wenn die Zinsen steigen, fallen die Anleihekurse und umgekehrt.

Ein Bund-Future bezieht sich auf einen nominalen Betrag von 100.000 EUR. Der Preis des Futures wird in Prozent des Nennwerts angegeben, wobei eine Veränderung von 0,01 Punkte 10 EUR entspricht.

Der Bund-Future gilt als einer der wichtigsten Zinsfutures in Europa. Er wird von institutionellen Investoren, Banken und Vermögensverwaltern genutzt, um Zinsänderungsrisiken zu managen und ihre Portfolios zu hedgen.

Anleger nutzen den Bund-Future, um entweder ihre bestehenden Anleihepositionen abzusichern oder um von zukünftigen Bewegungen der Zinssätze zu profitieren. Durch den Handel mit Futures können sie auf steigende oder fallende Zinsen spekulieren.

Was ist ein Margin-Call?

Ein Margin-Call ist eine Aufforderung an einen Anleger, zusätzliche Mittel auf ein Margin-Konto einzuzahlen, um den erforderlichen Eigenkapitalanteil zu halten.

Ein Margin-Call tritt auf, wenn der Wert eines Margin-Kontos unter einen bestimmten Schwellenwert fällt. Diese Anforderung stellt sicher, dass der Anleger genügend Eigenkapital hat, um potenzielle Verluste zu decken.

Ein Margin-Call wird in der Regel ausgelöst, wenn die Kurse der gehaltenen Wertpapiere fallen. Wenn der Wert der Anlagen so stark sinkt, dass die Eigenkapitalanforderung nicht mehr erfüllt ist, fordert der Broker den Anleger auf, zusätzliche Mittel einzuzahlen oder einige Positionen zu verkaufen.

Anleger müssen innerhalb eines bestimmten Zeitraums auf einen Margin-Call reagieren, indem sie entweder Geld einzahlen oder Wertpapiere verkaufen, um das erforderliche Eigenkapital wiederherzustellen. Andernfalls kann der Broker gezwungen sein, die Positionen zu liquidieren, um die Verluste zu decken.

Was ist der „Triple-Witch-Day"?

Der Triple-Witch-Day bezieht sich auf einen bestimmten Freitag im Jahr, an dem drei Arten von Finanzderivaten an den Märkten gleichzeitig auslaufen.

Diese Derivate sind:

1. Optionen auf Aktien

Dies sind Verträge, die dem Käufer das Recht geben, eine Aktie zu einem bestimmten Preis innerhalb eines bestimmten Zeitraums zu kaufen oder zu verkaufen.

2. Indexoptionen

Diese Optionen beziehen sich auf einen bestimmten Aktienindex, wie den S&P 500, und ermöglichen es den Anlegern, auf die Bewegung des gesamten Index zu spekulieren.

3. Futures-Kontrakte

Futures sind Vereinbarungen, einen Vermögenswert zu einem vorher festgelegten Preis an einem zukünftigen Datum zu kaufen oder zu verkaufen. Diese können sich auf Rohstoffe, Währungen oder Indizes beziehen.

Da an einem Triple-Witch-Day viele Optionen und Futures gleichzeitig ablaufen, kann dies zu einer erhöhten Volatilität und einem erhöhten Handelsvolumen führen. Händler und Investoren versuchen oft, ihre Positionen vor dem Ablauf zu schließen oder anzupassen, was zu markanten Preisschwankungen führen kann.

Der Triple-Witch-Day findet viermal im Jahr statt: am dritten Freitag im März, Juni, September und Dezember.

Gibt es auch Derivate, mit denen auf das Wetter spekuliert werden kann?

Ja, es gibt Derivate, mit denen Anleger auf Wetterereignisse spekulieren können. Diese werden als Wetterderivate bezeichnet.

Wetterderivate sind Finanzinstrumente, die auf den zukünftigen Zustand von Wetterbedingungen abzielen, wie Temperatur, Niederschlag oder andere klimatische Faktoren. Sie ermöglichen es Unternehmen und Investoren, sich gegen wetterbedingte Risiken abzusichern oder von Wetterereignissen zu profitieren.

Wetterderivate werden häufig in Form von Swaps oder Optionen gehandelt. Bei einem Wetter-Swap tauschen die Parteien Zahlungen auf der Grundlage von tatsächlichen Wetterbedingungen gegen vorher festgelegte Zahlungen. Zum Beispiel kann ein Unternehmen, das von extremen Temperaturen betroffen ist, eine Zahlung erhalten, wenn die tatsächliche Temperatur über oder unter einem bestimmten Niveau liegt.

Wetterderivate werden vor allem in Branchen eingesetzt, die stark vom Wetter abhängen, wie Landwirtschaft, Energie und Versicherungen. Beispielsweise kann ein Landwirt sich gegen Ernteverluste durch Dürre absichern.

Der Handel mit Wetterderivaten erfolgt in der Regel über spezialisierte Börsen oder außerbörsliche Märkte (OTC). Die Preise und Bedingungen werden auf der Grundlage von Wetterprognosen und historischen Daten festgelegt.

Währungen

Was sind „Währungsrisiken" und wie können sie minimiert werden?

Währungsrisiken beziehen sich auf potenzielle Verluste, die aus Wechselkursänderungen zwischen Währungen resultieren. Diese Risiken sind insbesondere für Unternehmen und Investoren relevant, die in internationalen Märkten tätig sind oder Anlagen in Fremdwährungen halten.

Minimierung von Währungsrisiken durch:

Hedging: Der Einsatz von Finanzinstrumenten wie Devisenterminkontrakten, Optionen oder Swaps kann helfen, zukünftige Wechselkursbewegungen abzusichern.

Diversifikation: Durch eine breite Streuung von Anlagen über verschiedene Währungsräume kann das Risiko reduziert werden.

Natürliche Absicherung: Unternehmen können ihre Einnahmen und Ausgaben in der gleichen Währung ausgleichen, um Transaktionsrisiken zu minimieren.

Währungsanpassung: Preisanpassungen in Reaktion auf Wechselkursänderungen können helfen, die Margen zu stabilisieren.

Regelmäßige Überwachung: Die kontinuierliche Analyse von Wechselkursen und Marktbedingungen ermöglicht proaktive Entscheidungen zur Risikominderung.

Was war der Höchst- und Tiefstkurs beim Euro seit der Einführung am 1.1.1999?

Der Euro wurde am 1. Januar 1999 eingeführt, und seitdem hat er sowohl Höhen als auch Tiefen in seinem Kurs erlebt.

Höchstkurs am: 15. Juli 2008

Kurs: 1,6038 USD

Tiefstkurs am: 26. Oktober 2000

Kurs: 0,8225 USD

Was ist ein FX-Forward?

Ein FX-Forward ist ein Finanzinstrument, das zur Absicherung gegen Wechselkursrisiken verwendet wird.

Ein FX-Forward ist ein Vertrag zwischen zwei Parteien, der den Kauf oder Verkauf einer bestimmten Währung zu einem festgelegten Wechselkurs zu einem zukünftigen Datum (Settlement-Datum) vorsieht.

Der Hauptzweck von FX-Forwards besteht darin, Unternehmen und Anleger gegen Wechselkursrisiken abzusichern, die durch internationale Geschäfte oder Investitionen entstehen können. Sie helfen, die finanziellen Auswirkungen von Währungsschwankungen zu minimieren.

Bei Abschluss des FX-Forward-Vertrags haben sich die Parteien auf einen bestimmten Wechselkurs geeinigt. Unabhängig von der tatsächlichen Marktentwicklung müssen sie am Fälligkeitsdatum zu diesem Kurs tauschen. Dadurch wird die Unsicherheit über zukünftige Wechselkursbewegungen beseitigt.

FX-Forwards können in verschiedenen Beträgen und für verschiedene Zeiträume ausgehandelt werden, was ihnen eine hohe Flexibilität verleiht. Unternehmen können die Verträge an ihre spezifischen Bedürfnisse anpassen.

Was ist ein NDF?

Ein NDF (Non-Deliverable Forward) ist ein Finanzinstrument, das in den Devisenmärkten verwendet wird, um sich gegen Wechselkursrisiken abzusichern oder auf Währungsbewegungen zu spekulieren.

Ein NDF ist ein Terminkontrakt, der den Austausch eines bestimmten Betrags einer Währung zu einem vorher festgelegten Kurs zu einem zukünftigen Datum vorsieht. Im Gegensatz zu einem klassischen Forward wird der Austausch von Währungen nicht physisch durchgeführt.

Statt Währungen zu tauschen, erfolgt bei einem NDF die Abrechnung in einer frei konvertierbaren Währung, meist in US-Dollar. Am Fälligkeitstag wird die Differenz zwischen dem vereinbarten Kurs und dem aktuellen Marktwechselkurs berechnet. Die Partei, die im Nachteil ist, zahlt die Differenz in der frei konvertierbaren Währung.

NDFs werden häufig in Ländern eingesetzt, in denen Devisenkontrollen bestehen oder in denen Währungen nicht frei handelbar sind. Sie ermöglichen es Unternehmen und Investoren, sich gegen Wechselkursrisiken abzusichern, ohne tatsächlich die nicht konvertierbare Währung zu handeln.

Sie werden häufig von Unternehmen verwendet, die in Schwellenländern tätig sind oder Geschäfte mit Währungen tätigen, die nicht an internationalen Märkten gehandelt werden.

Was versteht man unter „Kaufkraftparität"?

Kaufkraftparität (KKP) ist ein ökonomisches Konzept, das den Wechselkurs zwischen zwei Währungen anhand der relativen Kaufkraft der jeweiligen Länder vergleicht.

Die Grundidee der Kaufkraftparität besagt, dass identische Waren oder Dienstleistungen in verschiedenen Ländern zu einem ähnlichen Preis verkauft werden sollten, wenn man die Wechselkurse berücksichtigt.

Die KKP verwendet einen Warenkorb von Gütern, um die Preisunterschiede zwischen Ländern zu ermitteln. Der Preis dieses Warenkorbs in einem Land wird mit dem Preis im anderen Land verglichen.

Der theoretische Wechselkurs, der auf der KKP basiert, ergibt sich aus dem Verhältnis der Preise des Warenkorbs in den beiden Währungen.

Die KKP ist in der Regel ein langfristiges Konzept, da kurzfristige Schwankungen durch Marktkräfte, Inflation und andere wirtschaftliche Faktoren verursacht werden können.

Was ist der Big-Mac-Index?

Der Big-Mac-Index ist ein Indikator zur Bewertung der Kaufkraft von Währungen, entwickelt vom Wirtschaftsmagazin „The Economist". Er basiert auf dem Preis eines Big Mac in verschiedenen Ländern und dient als Vergleichsmaßstab für die relative Über- oder Unterbewertung einer Währung. Die Idee dahinter ist die sogenannte "Kaufkraftparität", die besagt, dass identische Waren in verschiedenen Ländern denselben Preis haben sollten, wenn Währungen korrekt bewertet sind.

Wenn der Big Mac in einem Land teurer ist als in den USA, könnte die Währung dieses Landes überbewertet sein – und umgekehrt.

Was versteht man unter „Zinsparität"?

Unter Zinsparität versteht man ein finanzwirtschaftliches Konzept, das den Zusammenhang zwischen Zinssätzen und Wechselkursen beschreibt.

Es gibt zwei Hauptformen:

Gedeckte Zinsparität (Covered Interest Rate Parity): Diese besagt, dass die Zinsdifferenz zwischen zwei Ländern durch den Terminkurs der Währungen vollständig ausgeglichen wird. Das heißt, Investoren können durch Arbitrage keine risikofreien Gewinne erzielen, da der Unterschied in den

Zinssätzen durch den Wechselkurs im Termingeschäft kompensiert wird.

Ungedeckte Zinsparität (Uncovered Interest Rate Parity): Hierbei wird davon ausgegangen, dass die erwartete Änderung des Wechselkurses die Zinsdifferenz ausgleicht. Dies basiert jedoch auf Erwartungen und birgt ein höheres Risiko, da Wechselkursänderungen nicht garantiert sind.

Beide Konzepte sind wichtig, um die Beziehung zwischen Kapitalflüssen, Zinssätzen und Wechselkursen zu verstehen.

Notenbanken

Nenne alle bisherigen EZB-PräsidentInnen

Wim Duisenberg

Amtszeit: 1. Juni 1998 – 30. Oktober 2003

Jean-Claude Trichet

Amtszeit: 1. November 2003 – 31. Oktober 2011

Mario Draghi

Amtszeit: 1. November 2011 – 31. Oktober 2019

Christine Lagarde

Amtszeit: 1. November 2019 – bis heute (Stand: 2024)

Was bedeutet „Quantitative Lockerung" (QE)?

Quantitative Lockerung (Quantitative Easing) ist eine geldpolitische Maßnahme, die von Zentralbanken eingesetzt wird, um die Wirtschaft anzukurbeln, insbesondere in Zeiten wirtschaftlicher Schwäche oder niedriger Inflation. Dabei kauft die Zentralbank in großem Umfang Finanzanlagen, wie Staatsanleihen oder andere Wertpapiere, um die sich im Umlauf befindliche Geldmenge zu erhöhen.

QE zielt darauf ab, die Kreditvergabe zu fördern, die Liquidität zu erhöhen und die Zinssätze zu senken. Dies soll Investitionen und den Konsum anregen und letztlich das Wirtschaftswachstum unterstützen.

Wenn die Zentralbank Anleihen kauft, wird neues Geld geschaffen. Dieses Geld fließt in die Banken und Finanzinstitute, die es dann an Unternehmen und Verbraucher verleihen können.

Durch den Kauf von Anleihen sinken deren Renditen, was zu niedrigeren Zinssätzen für Kredite führt. Dies soll die Kosten für Kredite reduzieren und den Konsum und die Investitionen ankurbeln.

QE kann auch das Vertrauen in die Wirtschaft stärken, da es signalisiert, dass die Zentralbank bereit ist, aktiv einzugreifen, um wirtschaftliche Stabilität zu fördern.

Ein Risiko von QE ist, dass es zu übermäßiger Geldschöpfung und damit zu Inflation führen kann, insbesondere wenn die Wirtschaft beginnt, sich zu erholen.

QE kann auch zu einer Überbewertung von Vermögenswerten führen, da Investoren nach Renditen suchen.

Die US-Notenbank FED schaut weniger auf die Inflation, sondern vor allem auf den PCE. Was ist das?

Der PCE (Personal Consumption Expenditures) ist ein Wirtschaftsindikator, der die Veränderungen der Preise für persönliche Konsumausgaben misst. Er wird von der US-Notenbank (Federal Reserve, FED) verwendet, um die Inflation zu bewerten.

Der PCE misst, wie viel Haushalte für Waren und Dienstleistungen ausgeben, und berücksichtigt dabei die Preisänderungen dieser Ausgaben. Er bietet eine umfassende Sicht auf das Verbraucherverhalten und die Preisentwicklung.

Der PCE wird oft mit dem Verbraucherpreisindex (CPI) verglichen. Während der CPI die Preise eines festen Warenkorbs von Gütern und Dienstleistungen betrachtet, berücksichtigt der PCE Anpassungen im Konsumverhalten. Das bedeutet, dass der PCE flexibler auf Veränderungen im Markt reagiert.

Die FED betrachtet den PCE-Index als bevorzugtes Maß für die Inflation, da er eine breitere Datenbasis bietet und Veränderungen im Verbraucherverhalten reflektiert. Dies ermöglicht der FED, fundierte Entscheidungen zur Geldpolitik zu treffen.

Der PCE-Index umfasst verschiedene Kategorien wie Nahrungsmittel, Energie, Gesundheitsdienstleistungen und persönliche Dienstleistungen. Er wird regelmäßig aktualisiert, um aktuelle Marktentwicklungen widerzuspiegeln.

Die FED hat im Gegensatz zur EZB zwei Mandate. Welche sind das?

Im Gegensatz zur Europäischen Zentralbank (EZB), die hauptsächlich auf die Preisstabilität fokussiert ist, hat die FED das doppelte Mandat von Preisstabilität und einer hohen Beschäftigung. Diese duale Zielsetzung ermöglicht es der FED, eine umfassendere Geldpolitik zu verfolgen, um sowohl wirtschaftliche Stabilität als auch Wachstum zu fördern.

Preisstabilität

Die FED hat den Auftrag, die Inflation zu kontrollieren und Preisstabilität zu gewährleisten. Dies bedeutet, dass sie darauf abzielt, die Kaufkraft des Geldes zu erhalten und extreme Preisbewegungen zu vermeiden. Preisstabilität wird oft als eine moderate Inflationsrate interpretiert, die für eine gesunde Wirtschaft förderlich ist.

Beschäftigung bzw. Arbeitsmarkt

Das zweite Mandat der FED besteht darin, maximale Beschäftigung zu fördern. Dies bedeutet, dass die FED darauf abzielt, Bedingungen zu schaffen, die es möglichst vielen Menschen ermöglichen, eine Arbeit zu finden. Die FED analysiert verschiedene Faktoren wie Arbeitslosenquoten und Arbeitsmarktbedingungen, um ihre geldpolitischen Entscheidungen zu steuern.

Was ist die Aufgabe der „Bafin"?

Die BaFin (Bundesanstalt für Finanzdienstleistungsaufsicht) ist die deutsche Finanzaufsichtsbehörde. Ihre Hauptaufgabe besteht darin, die Stabilität und Integrität des Finanzsystems in Deutschland zu gewährleisten.

Sie beaufsichtigt Banken, Versicherungen, Finanzdienstleister, Fonds sowie den Wertpapierhandel. Die BaFin soll dafür sorgen, dass diese Institutionen gesetzliche Vorschriften einhalten, die Finanzmärkte fair und transparent funktionieren und die Kunden vor Missbrauch geschützt werden.

Zudem ist die BaFin dafür zuständig, Risiken im Finanzsystem frühzeitig zu erkennen und gegenzusteuern, um die Stabilität der Finanzmärkte zu sichern.

Inflation

Wie setzt sich der Warenkorb für die Inflation zusammen?

Der Warenkorb für die Inflation besteht aus einer Vielzahl von Gütern und Dienstleistungen, die repräsentativ für den Konsum der Haushalte sind. Die genaue Zusammensetzung kann je nach Land und Wirtschaftsbedingungen variieren, wird jedoch in der Regel von nationalen Statistikämtern festgelegt.

Nahrungsmittel und Getränke: Dazu gehören alle Arten von Lebensmitteln, alkoholfreie Getränke sowie alkoholische Getränke.

Wohnkosten: Dies umfasst Mieten, Hypothekenzinsen, Nebenkosten wie Heizung, Strom und Wasser sowie Kosten für Instandhaltungen.

Transport: Hierzu zählen Ausgaben für den Kauf von Fahrzeugen, Kraftstoffkosten sowie öffentliche Verkehrsmittel.

Gesundheitsversorgung: Diese Kategorie umfasst Ausgaben für Medikamente, Krankenhausaufenthalte, Arztbesuche und Versicherungsprämien.

Bildung: Dazu gehören Schulgeld, Studiengebühren und Ausgaben für Lernmaterialien.

Freizeit und Kultur: Hierzu zählen Ausgaben für Freizeitaktivitäten, Bücher, Zeitungen, Kino und Sportveranstaltungen.

Bekleidung und Schuhe: Diese Kategorie umfasst Ausgaben für Bekleidung, Schuhe und Accessoires.

Sonstige Dienstleistungen: Dazu gehören Friseurdienstleistungen, Hotelübernachtungen und ähnliche Ausgaben.

Jede dieser Kategorien hat eine bestimmte Gewichtung, die auf den Konsumgewohnheiten der Haushalte basiert. Diese Gewichtung wird regelmäßig aktualisiert, um Veränderungen im Verbraucherverhalten Rechnung zu tragen.

Um die Inflation zu berechnen, wird der Preisindex für diesen Warenkorb ermittelt, indem die aktuellen Preise der enthaltenen Güter mit den Preisen in einem Basisjahr verglichen werden. Der Verbraucherpreisindex (VPI) ist eine gängige Methode zur Messung der Inflation. Ein Anstieg des VPI zeigt eine Inflation an, während ein Rückgang auf Deflation hinweist.

Alternative Investments

Was sind „Alternative Investments"?

„Alternative Investments" sind Anlageformen, die nicht in traditionelle Anlageklassen wie Aktien, Anleihen oder Bargeld fallen. Sie bieten Investoren die Möglichkeit, ihre Portfolios zu diversifizieren und potenziell höhere Renditen zu erzielen. Alternative Investments sind oft weniger liquide und erfordern längere Haltedauern als traditionelle Anlagen. Sie können auch höhere Gebühren und Risiken mit sich bringen, bieten jedoch das Potenzial für Diversifikation und Rendite.

Private Equity: Investitionen in nicht börsennotierte Unternehmen, oft durch Fonds, die Unternehmensanteile erwerben, um diese zu restrukturieren oder durch Wachstum an Wert zu steigern.

Hedgefonds: Anlagefonds, die eine Vielzahl von Strategien nutzen, um Renditen zu maximieren und Risiken zu minimieren. Sie können in Aktien, Anleihen, Derivate und andere Vermögenswerte investieren.

Immobilien: Investitionen in physische Immobilien oder Immobilienfonds, die Erträge durch Mieteinnahmen und Wertsteigerungen generieren.

Rohstoffe: Investitionen in physische Rohstoffe wie Gold, Silber, Öl oder landwirtschaftliche Produkte. Diese können durch Futures oder ETFs erfolgen.

Infrastruktur: Investitionen in öffentliche und private Infrastrukturprojekte wie Straßen, Brücken und Versorgungsunternehmen, die stabile Erträge bieten.

Sammlerstücke: Investitionen in Kunst, Antiquitäten, Wein oder andere Sammlerstücke, die potenziell an Wert gewinnen können.

Venture Capital: Investitionen in Startups und junge Unternehmen mit hohem Wachstumspotenzial im Austausch gegen Eigenkapital.

Wie heißen die 4 „C" bei Diamanten?

Diese vier Kriterien sind entscheidend für den Wert eines Diamanten.

Carat (Karat): Das Gewicht des Diamanten.

Cut (Schliff): Die Qualität des Schliffs, welche die Brillanz und den Glanz des Diamanten bestimmt.

Color (Farbe): Die Farbe des Diamanten.

Clarity (Reinheit): Die Reinheit des Diamanten, die angibt, wie viele Einschlüsse oder Unreinheiten im Diamanten vorhanden sind.

Wie schwer ist 1 Karat?

Ein Karat entspricht 0,2 Gramm. Das sind 200 Milligramm.

Nenne die größten Player bei Private Equity?

Blackstone

KKR

Carlyle Group

Apollo Global Management

Bain Capital

Hellman & Friedman

Warburg Pincus

Vista Equity Partners

Diese Unternehmen gehören zu den größten Managern von Private Equity und verwalten gemeinsam Hunderte von Milliarden Dollar. Sie investieren in eine Vielzahl von Strategien, von Buyouts bis hin zu Wachstumsinvestitionen.

Was ist der Unterschied zwischen dem GP und dem LP?

Im Private Equity und Venture Capital sind General Partners (GP) und Limited Partners (LP) zwei grundlegende Rollen in einer Fondsstruktur.

General Partner (GP): Der GP ist der Manager des Fonds, der für die täglichen Entscheidungen und das Management der Investitionen verantwortlich ist. GPs haben die Kontrolle über die Investitionsstrategie und die Durchführung der Transaktionen. Er ist verantwortlich für die Auswahl der Investitionen, das Management des Portfolios, die Durchführung von Due Diligence und die Berichterstattung an die LPs. GPs sind auch für die Exit-Strategien und das Timing verantwortlich. Der GP verdient in der Regel eine Managementgebühr (häufig 1-2% des verwalteten Kapitals) sowie einen Performance-Anteil (Carried Interest), der typischerweise 20% der Gewinne über einem bestimmten Schwellenwert beträgt.

Limited Partner (LP): LPs sind die Investoren des Fonds, die Kapital bereitstellen, aber nicht aktiv in die Verwaltung oder die Entscheidungsfindung des Fonds eingreifen. Sie haben eine beschränkte Haftung, was bedeutet, dass sie nur bis zur Höhe ihrer Investition haften. LP´s stellen das Kapital bereit, haben jedoch keinen Einfluss auf die täglichen Entscheidungen des Fonds. Ihre Rolle beschränkt sich auf das Investieren und das Überwachen der Fondsleistung. Sie erhalten im Wesentlichen eine Rückzahlung ihrer Investition plus eine Rendite, die von den Fondsgewinnen abhängt.

Was ist „Carried Interest"?

"Carried Interest" ist eine Vergütungsform für Fondsmanager, insbesondere in der Private-Equity- und Venture-Capital-Branche. Es handelt sich dabei um einen Anteil am Gewinn, den die Manager nach Erreichen einer bestimmten Renditeschwelle erhalten. Dieser Anteil liegt oft bei etwa 20%, wenn der Fonds eine vorab festgelegte Mindestrendite, die sogenannte "Hurdle Rate" (oft 8% p.a.), überschreitet.

Carried Interest wird oft als Erfolgsbeteiligung gesehen, weil die Manager nur dann profitieren, wenn der Fonds erfolgreich ist.

Was ist „Venture Capital"?

Venture Capital (VC) ist eine Form der Finanzierung, die sich auf Investitionen in junge, innovative Unternehmen konzentriert, die hohes Wachstumspotenzial haben, aber auch ein erhöhtes Risiko darstellen. Diese Art der Finanzierung wird häufig von spezialisierten Venture-Capital-Gesellschaften oder -Investoren zur Verfügung gestellt.

VC wird oft in frühen Entwicklungsphasen eines Unternehmens bereitgestellt, wie etwa in der Gründungs- oder Seed-Phase.

Im Gegensatz zu traditionellen Krediten erhalten Investoren Anteile am Unternehmen, was bedeutet, dass sie auch an den Gewinnen und Verlusten beteiligt sind.

Da viele Startups scheitern, ist VC mit hohem Risiko verbunden. Im Gegenzug können Investoren jedoch hohe Renditen erwarten, wenn das Unternehmen erfolgreich ist.

VC-Investoren bieten häufig nicht nur finanzielle Unterstützung, sondern auch Beratung, Netzwerke und strategische

Unterstützung, um das Wachstum des Unternehmens zu fördern.

Investoren planen in der Regel einen Ausstieg aus der Investition nach etwa 5 bis 7 Jahren, zum Beispiel durch einen Börsengang (IPO) oder den Verkauf des Unternehmens an einen anderen Investor oder ein größeres Unternehmen.

Venture Capital spielt eine entscheidende Rolle im Startup-Ökosystem und hat maßgeblich zur Entwicklung vieler bekannter Technologieunternehmen beigetragen.

Was sind die Risiken bei „Crowdinvesting"?

Crowdinvesting ist eine Form der Finanzierung, bei der eine große Anzahl von Investoren kleinere Beträge in Projekte oder Unternehmen investiert, häufig über Online-Plattformen. Obwohl Crowdinvesting interessante Chancen bietet, birgt es auch spezifische Risiken.

Crowdinvesting-Anlagen sind oft illiquide, was bedeutet, dass Investoren ihr Geld nicht schnell oder einfach zurückbekommen können. Es kann Jahre dauern, bis ein Unternehmen wächst oder verkauft wird.

Oft erhalten Investoren nicht genügend Informationen über das Projekt oder das Unternehmen, um fundierte Entscheidungen zu treffen. Auch die Transparenz kann stark variieren.

Crowdinvesting ist in vielen Ländern noch nicht umfassend reguliert, was rechtliche Risiken birgt. Änderungen in der Gesetzgebung können sich negativ auf Investitionen auswirken.

Die erwarteten Renditen sind oft schwer vorhersehbar und können stark schwanken. Dies hängt von der Marktleistung und dem Erfolg des Unternehmens ab.

Investoren haben oft wenig bis keinen Einfluss auf die Geschäftsentscheidungen des Unternehmens, was das Risiko erhöht, dass ihre Interessen nicht berücksichtigt werden.

Crowdinvesting kann eine Möglichkeit sein, in innovative Projekte zu investieren, aber es ist wichtig, sich der Risiken bewusst zu sein und sorgfältig zu prüfen, in welche Projekte investiert wird.

Wer sind die „Heuschrecken" und was tun sie?

Der Begriff „Heuschrecken" wird oft umgangssprachlich verwendet, um bestimmte Arten von Private-Equity-Firmen oder Hedgefonds zu beschreiben, die aggressive Investitionsstrategien verfolgen.

„Heuschrecken" bezieht sich auf Investoren, die gezielt Unternehmen übernehmen oder in sie investieren, um kurzfristige Gewinne zu maximieren.

Hedgefonds streben an, den Wert der übernommenen Unternehmen schnell zu steigern, um eine hohe Rendite auf ihr investiertes Kapital zu erzielen.

Nach der Wertsteigerung können sie die Unternehmen verkaufen oder an die Börse bringen, um ihre Gewinne zu realisieren.

Hedgefonds führen oft tiefgreifende Veränderungen in der Unternehmensstruktur durch, um Kosten zu senken, die Effizienz zu steigern und profitablere Geschäftsmodelle zu entwickeln.

Finanzierung: Sie nutzen häufig hohe Fremdfinanzierungen (Leverage), um Übernahmen zu finanzieren, was sowohl Chancen als auch Risiken birgt.

Hedgefonds sind oft umstritten, da ihre Strategien zu Entlassungen, Kürzungen von Investitionen in Forschung und Entwicklung sowie anderen Maßnahmen führen können, die die langfristige Gesundheit der Unternehmen beeinträchtigen. Kritiker argumentieren, dass dies den Interessen der Arbeitnehmer und der Gesellschaft schadet.

Bekannte „Heuschrecken"-Firmen sind unter anderem KKR, Blackstone und Bain Capital. Diese Unternehmen haben in der Vergangenheit zahlreiche Übernahmen und Restrukturierungen durchgeführt.

Was sind „Hedgefonds-Strategien" und welche gibt es?

Hedgefonds-Strategien sind spezielle Anlagestrategien, die von Hedgefonds verwendet werden, um Renditen zu erzielen und Risiken zu managen. Diese Fonds nutzen verschiedene Techniken, um in unterschiedlichen Marktbedingungen profitabel zu sein. Hier sind einige gängige Hedgefonds-Strategien:

Long/Short Equity: Investiert in Aktien (Long), die als unterbewertet betrachtet werden, und verkauft Aktien, die als überbewertet gelten (Short).

Market Neutral: Zielt darauf ab, Marktrisiken zu minimieren, indem gleiche Beträge in Long- und Short-Positionen investiert werden, sodass der Nettomarktwert nahe null ist.

Event-Driven: Nutzt Ereignisse wie Fusionen, Übernahmen oder Unternehmensumstrukturierungen, um profitabel zu sein. Dazu gehören Merger Arbitrage und Distressed Securities.

Global Macro: Investiert basierend auf makroökonomischen Trends und politischen Entwicklungen in verschiedenen Anlageklassen, wie Währungen, Anleihen und Rohstoffen.

Relative Value: Sucht nach Preisunterschieden zwischen verwandten Wertpapieren, um durch Arbitrage Gewinne zu erzielen. Dies kann die Arbitrage von Anleihen oder Derivaten umfassen.

Quantitative: Nutzt mathematische Modelle und Algorithmen, um Handelsentscheidungen zu treffen. Diese Strategien können Hochfrequenzhandel oder statistische Arbitrage umfassen.

Fixed Income Arbitrage: Nutzt Preisdifferenzen zwischen verschiedenen Anleihen oder Anleihekontrakten.

Multi-Strategy: Kombiniert mehrere Anlagestrategien, um Risiken zu diversifizieren und Renditen zu maximieren.

Was bezeichnet man als die „J-Curve" bei Private Equity?

Im Kontext von Private Equity bezeichnet die „J-Curve" die typische Wertentwicklung eines Private-Equity-Fonds über die Zeit. Diese Kurve zeigt, dass in den ersten Jahren nach der Investition ein Rückgang des NAVs auftritt, gefolgt von einem späteren Anstieg, der das ursprüngliche Investment übersteigt.

Zu Beginn investieren die Fondsmanager in Unternehmen, was oft zu hohen Kosten führt, ohne dass sofortige Rückflüsse erkennbar sind. Diese Phase kann auch durch Gebühren und operative Kosten belastet sein.

Nach mehreren Jahren, in denen das Portfolio aktiv entwickelt und verwaltet wird, beginnen die Investitionen in der Regel,

Renditen zu generieren. In dieser Phase steigen die Unternehmensbewertungen, und die Rückflüsse an die Investoren nehmen zu.

Das Ergebnis ist eine grafische Darstellung, die wie ein „J" aussieht: Zunächst ein Tiefpunkt, gefolgt von einem signifikanten Anstieg, wenn die Investitionen reifen und Erträge abwerfen. Diese Dynamik ist wichtig für die Planung und das Verständnis der Renditeerwartungen in Private-Equity-Investitionen.

Was ist die „High-Water-Mark"?

Die „High-Water-Mark" ist ein Konzept, das insbesondere bei Hedgefonds und bestimmten Anlagefonds, verwendet wird, um die Gebührenstruktur zu definieren. Sie bezieht sich auf den höchsten Wert eines Fonds oder eines Kontos, den es jemals erreicht hat, bevor es zu einem Rückgang kam.

Fondsmanager dürfen in der Regel Performance-Gebühren nur auf Gewinne erheben, die über diesen Höchstwert hinausgehen. Wenn der Fonds also einen Rückgang erleidet, muss der Wert zuerst wieder die vorherige „High-Water-Mark" überschreiten, bevor wieder Performance-Gebühren anfallen.

Dieses Modell schützt Anleger vor der Zahlung von Gebühren auf unrealisierten Gewinnen, insbesondere wenn das Vermögen des Fonds in der Folge sinkt. Es stellt sicher, dass Gebühren nur auf tatsächlich realisierte Gewinne gezahlt werden.

Die High-Water-Mark motiviert Fondsmanager, kontinuierlich gute Leistungen zu erbringen, da sie nur dann von einer Performance-Gebühr profitieren können, wenn der Fonds neue Höchststände erreicht.

Was sind Capital Calls und Distributions?

Capital Calls und Distributions sind Begriffe, die hauptsächlich im Zusammenhang mit Private Equity, Private Debt und Infrastrukturfonds verwendet werden.

Capital Calls, auch als „Kapitalabrufe" bekannt, beziehen sich auf die Aufforderung an die Investoren eines Fonds, einen Teil ihres zugesagten Kapitals bereitzustellen.

Beispiel: Bei einem Private Equity Fonds verpflichten sich die Investoren, einen bestimmten Betrag über die Laufzeit des Fonds zu investieren. Der Fondsmanager ruft diese Gelder in Phasen ab, um Investitionen zu tätigen, Kosten zu decken oder andere erforderliche Ausgaben zu finanzieren.

Capital Calls sind wichtig, da sie dem Fondsmanager die Flexibilität geben, Kapital nach Bedarf zu nutzen, anstatt sofort den gesamten Betrag zu investieren.

Distributions beziehen sich auf die Rückflüsse von Kapital und Gewinnen an die Investoren aus dem Fonds. Distributions sind entscheidend für die Rendite.

Was ist die "IRR"?

IRR steht für „Internal Rate of Return" (interner Zinsfuß). Es handelt sich um eine wichtige Kennzahl, die häufig zur Bewertung von Investitionen und zum Vergleich von Anlageprojekten verwendet wird.

Die IRR ist der Zinssatz, bei dem der Nettobarwert (NPV) aller Cashflows eines Projekts oder einer Investition gleich Null ist. Mit anderen Worten, es ist der Diskontsatz, bei dem die Barwerte der zukünftigen Cashflows den anfänglichen Investitionsaufwand ausgleichen.

Die IRR zeigt die jährliche Rendite, die ein Investor erwarten kann, wenn die Investition wie geplant verläuft. Sie ist besonders nützlich, um die Rentabilität von Projekten oder Investitionen zu bewerten.

Um die IRR zu berechnen, benötigt man die erwarteten Cashflows, sowie die anfängliche Investition.

Was ist der TVPI?

TVPI steht für „Total Value to Paid-In" und ist ein wesentlicher Indikator im Bereich Private Equity und Venture Capital. Der TVPI misst das Verhältnis des Gesamtwerts einer Investition zu den bis zu diesem Zeitpunkt geleisteten Investitionen (Kapitalzuflüssen) und bietet somit einen Einblick in die Gesamtperformance eines Fonds oder Projekts.

Der TVPI wird berechnet, indem der Gesamtwert der investierten Mittel (einschließlich der unrealisierten Gewinne und der bereits realisierten Rückflüsse) durch die Summe der bis dato geleisteten Einlagen dividiert wird.

Der TVPI gibt Anlegern eine klare Vorstellung davon, wie viel Wert ein Fonds im Vergleich zu dem Kapital geschaffen hat, das die Anleger investiert haben. Ein höherer TVPI deutet auf eine bessere Performance hin.

Während die IRR die Rendite über die Zeit misst, bietet der TVPI einen Gesamtwertvergleich.

Wofür steht bei Infrastrukturinvestments „PPP"?

Bei Infrastrukturinvestments steht „PPP" für „Public-Private Partnership". Diese Form der Partnerschaft beinhaltet eine Zusammenarbeit zwischen der öffentlichen Hand

(Regierungen oder kommunalen Behörden) und privaten Unternehmen.

PPP ist eine langfristige Vereinbarung, bei der private Unternehmen in den Bau, die Finanzierung, den Betrieb oder die Wartung von Infrastrukturprojekten eingebunden werden, die typischerweise von der öffentlichen Hand durchgeführt werden.

PPPs ermöglichen eine Aufteilung von Risiken zwischen dem öffentlichen und dem privaten Sektor, wodurch die öffentliche Hand nicht allein die finanziellen und betrieblichen Risiken trägt.

Private Partner bringen oft Kapital in die Projekte ein, was die finanzielle Belastung für den Staat verringert. Dies ist besonders in Zeiten begrenzter öffentlicher Mittel von Vorteil.

Private Unternehmen gelten häufig als effizienter im Projektmanagement und in der Bereitstellung von Dienstleistungen, was zu kosteneffektiveren Lösungen führen kann.

PPPs werden häufig in Bereichen wie Verkehr (Straßen, Brücken), Energie (Kraftwerke), Wasserversorgung und Abfallwirtschaft eingesetzt. Auch bei Schulen, Krankenhäusern und anderen öffentlichen Einrichtungen kommen PPPs zum Einsatz.

Die Ausarbeitung und Verwaltung von PPP-Verträgen kann komplex sein und erfordert sorgfältige Planung und Verhandlung.

Insgesamt sind PPPs ein wichtiges Instrument zur Finanzierung und Bereitstellung von Infrastruktur, das sowohl Vorteile als auch Herausforderungen mit sich bringt.

Kryptowährungen

Was bezeichnet man als die „Blockchain"?

Die Blockchain ist eine dezentrale Datenbanktechnologie, die Informationen in Form von „Blöcken" speichert.

Jeder Block enthält eine Liste von Transaktionen sowie einen Zeitstempel und einen kryptografischen Hash des vorherigen Blocks. Dies sorgt für Sicherheit und Integrität der Daten.

Im Gegensatz zu traditionellen Datenbanken wird die Blockchain nicht von einer zentralen Autorität verwaltet. Sie wird von einem Netzwerk von Computern (Knoten) betrieben, die alle eine Kopie der gesamten Blockchain haben. Dies erhöht die Sicherheit und reduziert das Risiko von Manipulationen.

Jede Transaktion auf der Blockchain ist öffentlich und kann von jedem im Netzwerk überprüft werden. Dies schafft Transparenz und Vertrauen, da alle Teilnehmer die Transaktionen nachvollziehen können.

Durch kryptografische Verfahren wird die Integrität der Daten gewährleistet. Manipulationen sind extrem schwierig, da jede Änderung in einem Block auch die nachfolgenden Blöcke beeinflussen würde, was sofort auffällt.

Die Blockchain wird hauptsächlich in der Kryptowährung (z.B. Bitcoin) verwendet, findet aber auch Anwendung in Bereichen wie Supply-Chain-Management, Abstimmungssystemen, digitalen Identitäten, Smart Contracts und mehr.

Wer ist Sathosi Nakamoto?

Satoshi Nakamoto ist das Pseudonym der unbekannten Person oder Gruppe, die Bitcoin erfunden und das Bitcoin-Whitepaper im Jahr 2008 veröffentlicht hat. Nakamoto entwickelte die erste Blockchain-Datenbank und schuf das Konzept der dezentralen Kryptowährung. Bis heute bleibt die wahre Identität von Satoshi Nakamoto ungeklärt.

Nenne mindestens 5 Kryptowährungen?

Bitcoin (BTC)

Die erste und bekannteste Kryptowährung, die 2009 von einer anonymen Person oder Gruppe unter dem Pseudonym Satoshi Nakamoto eingeführt wurde. Bitcoin ist bekannt für seine begrenzte Gesamtmenge von 21 Millionen Münzen und gilt als digitales Gold.

Ethereum (ETH)

Eine dezentrale Plattform, die es Entwicklern ermöglicht, Smart Contracts und dApps (dezentrale Anwendungen) zu erstellen. Ethereum hat eine eigene Kryptowährung namens Ether, die zur Bezahlung von Transaktionen und zur Nutzung der Plattform verwendet wird.

Ripple (XRP)

Ripple ist sowohl eine digitale Währung als auch ein Zahlungsprotokoll, das schnelle und kostengünstige internationale Geldtransfers ermöglicht. XRP wird als Brückenwährung für den Austausch zwischen verschiedenen Währungen verwendet.

Litecoin (LTC)

Es bietet schnellere Transaktionsbestätigungen und einen anderen Mining-Algorithmus, der es für Benutzer attraktiver macht.

Cardano (ADA)

Eine Plattform, die auf einer wissenschaftlichen Grundlage entwickelt wurde und sich auf Nachhaltigkeit, Skalierbarkeit und Interoperabilität konzentriert.

Was bedeutet „HODL" bei Krypto-Nerds?

„HODL" ist ein Slangbegriff in der Kryptowährungsszene und bedeutet „Hold on for Dear Life". Es bezeichnet die Strategie, eine Kryptowährung trotz Marktvolatilität langfristig zu halten, anstatt auf kurzfristige Kursbewegungen zu reagieren.

Der Begriff entstand ursprünglich aus einem Tippfehler des Wortes „hold" in einem Bitcoin-Forum im Jahr 2013 und wurde zum Meme.

Warum ist Sam Bankman-Fried verurteilt worden?

Sam Bankman-Fried, der Gründer und ehemalige CEO der Kryptowährungsbörse FTX, wurde wegen Betrugs und Veruntreuung verurteilt. Er hatte Milliarden von Kundengeldern von FTX unrechtmäßig zu seiner Schwesterfirma Alameda Research transferiert, um damit riskante Investitionen zu finanzieren. Als die Kryptomärkte einbrachen, konnte er die Verluste nicht mehr verbergen, was schließlich zum Bankrott von FTX im November 2022 führte. Bankman-Fried stand wegen mehrerer Anklagen, darunter Betrug, Verschwörung und Geldwäsche, vor Gericht.

Weitere Bücher von Clemens Thor

https://www.amazon.de/dp/B07K3M9M3D

https://www.amazon.de/dp/B07RTG6ZXX

https://amzn.to/2ze8OgW

WARUM SIE NICHT IN DEN MSCI WORLD INVESTIEREN SOLLTEN

CLEMENS THOR

https://amzn.to/2Y1XZct

FINANZIELLE FREIHEIT
MIT DER TOP 10 AKTIEN STRATEGIE

CLEMENS THOR

https://amzn.to/3gr7cRG

https://www.amazon.de/dp/B08LTS2GY1

Haftungsausschluss / Rechtliche Hinweise

Der Autor übernimmt keinerlei Gewähr für die Aktualität, Richtigkeit und Vollständigkeit der bereitgestellten Informationen. Haftungsansprüche gegen den Autor, welche sich auf Schäden materieller oder ideeller Art beziehen, die durch die Nutzung oder Nichtnutzung der dargebotenen Informationen bzw. durch die Nutzung fehlerhafter und unvollständiger Informationen verursacht wurden, sind grundsätzlich ausgeschlossen, sofern seitens des Autors kein nachweislich vorsätzliches oder grob fahrlässiges Verschulden vorliegt. Alle Angebote sind freibleibend und unverbindlich. Der Autor behält es sich ausdrücklich vor, Teile des Buches oder das gesamte Angebot ohne gesonderte Ankündigung zu verändern, zu ergänzen, zu löschen oder die Veröffentlichung zeitweise oder endgültig einzustellen.

Alle enthaltenen Meinungen und Informationen sind keine Aufforderung, ein Geschäft oder eine Transaktion einzugehen. Die Informationen stellen weder ein Verkaufsangebot für Wertpapiere noch eine Aufforderung zum Handel mit Wertpapieren dar. Den Ausführungen liegen Quellen zugrunde, die der Herausgeber für vertrauenswürdig erachtet. Für die Richtigkeit des Inhaltes wird trotzdem keine Haftung übernommen. Auch stellen die vorgestellten Szenarien oder Strategien keinesfalls einen Aufruf zur Nachbildung dar, auch nicht stillschweigend. Vor jedem Geschäft beziehungsweise vor jeder Transaktion sollte geprüft werden, ob sie im Hinblick auf die persönlichen und wirtschaftlichen Verhältnisse geeignet sind.

Externe Links / Haftung für Links:

Dieses Buch enthält sogenannte „externe Links" zu anderen Webseiten, auf deren Inhalt der Autor keinen Einfluss hat. Aus diesem Grund übernimmt der Autor keine Gewähr für diese Inhalte. Für die Inhalte und Richtigkeit der bereitgestellten Informationen ist der jeweilige Anbieter der verlinkten Webseite verantwortlich. Zum Zeitpunkt der Verlinkung waren keine Rechtsverstöße erkennbar. Eine permanente inhaltliche Kontrolle der verlinkten Seiten ist jedoch ohne konkrete Anhaltspunkte einer Rechtsverletzung nicht zumutbar. Bei Bekanntwerden einer solchen Rechtsverletzung wird der Link umgehend entfernt.

www.ingramcontent.com/pod-product-compliance
Lightning Source LLC
Chambersburg PA
CBHW020427220526
45464CB00002B/596